死が怖い人へ

久坂部 羊

SB新書
685

はじめに――死が怖いという人へ

私は今、死を怖いとは思わない。死ぬのはイヤだけれど、怖くはない。

子どものころは死ぬのが怖かった。自分が消えてなくなるのは、口では言い表せないほどの恐怖だった。自分の死だけでなく、親の死も怖かった。特に母親が死ぬことは、子どもの私には耐えがたい恐怖だった。だから、小学校や中学校で、母親を亡くした同級生には心から同情した。自分の身に置き換えて考えると、どうやってその悲しみに耐えたらいいのか、想像もつかなかった。

若いころは、飛行機に乗るのも怖かった。はじめて飛行機に乗ったのは、大学3年生の夏休みで、友だちと沖縄へ行ったのだが、搭乗する前から胸がドキドキした。落ちたらどうしようという思いが頭を去らず、最終的には、「もしも落ちるなら、せめて帰りの飛行機で」と、神仏に祈る気持ちになった。

飛行機に乗る恐怖は、その後、パイロットやキャビンアテンダントの状況を考えることで克服した。彼らは毎日のように飛行機に乗っている。もしも落ちることが心配なら、とても耐えられないだろう。ということは、飛行機は落ちないということだ。そう考えると飛行機に乗る恐怖はなくなった。

私はいつから死が怖くなくなったのか。

それはやはり医者という仕事で、少なくない死を看取《みと》ってからだろう。死ねばだれしも完全な無になる。どれほど死を恐れていても、あるいは拒絶していても、死ねば何も感じなくなる。死後の世界や魂の存在は、肯定も否定もできないが、少なくとも目の前の死体は何も感じていないように見えた。

つまり、死もたくさん見れば慣れて、恐怖心も薄らぐということだ。が、現代の日本では、特殊な職業（医者や警察官や葬祭店員など）以外は、そう頻繁に死を見ることがない。だから、イメージとして死の恐怖が温存される。

死の恐怖は年齢によっても変化する。

私は長らく高齢者医療の現場にいたので、時期的に死に近い患者さんをたくさん診《み》た。何歳になっても死を怖がる人もいれば、口癖のように「早く死にたい」と繰り返す人もいた。

ある76歳の男性は、私が「死ぬのは怖くないですか」と聞くと、「そりゃあ、死ぬのは怖くないな」とあっけらかんと答えた。「死んだら何もわからんもん」と。

逆に、66歳で高血圧の男性は、「僕は死ぬのが怖くてたまらないんです。映画館で上映の前に、となりの客が『血圧を下げるいい方法が……』なんて話をしていると、もうそれが気になって、映画に集中できないんです」と話していた。

何事にもいい面と悪い面があるように、死を怖がることにもいい面と悪い面がある。

死を怖がることのいい面は、節制をする、無茶をしない、危険な場所には近寄らず、危険な遊びはせず、危険なものは食べずに、病気や事故や災害への備えも怠らないということだ。そうすることで、死を遠ざけられる可能性が高まる。

逆に死を怖がることの悪い面は、死を考えただけでも不安になり、心配し、恐怖を感じて、落ち着いていられなくなることだろう。実際の死が迫っていないのに、そんな心持ちになるのは精神衛生上よくない。

また、危険を避けようとするあまり、いろいろな楽しみや遊びや食べることを我慢しなければならなかったり、面倒な備えをしたり、無駄な検査や治療を受けて、時間とお金と労力を奪われたりする。いずれも生きている意味を無にしているとも言える。


死を怖がらないと、先に述べたことが逆転する。多少危険でも、好きなところへ行き、面白い遊びをし、おいしいものを食べ、病気や事故や災害を気にせず、面倒な準備に追われることもなく、少々異常や不調があっても病院などには行かずにすます。精神衛生的にも気楽にいられるし、生きている時間を十分、意義深いものにできる。

が、死に対する備えがおろそかになり、いざ死に直面したときに慌てたり、後悔したり、選択を誤ったりする危険性が高まる（死を怖がっていても同じかもしれないけれど）。


死を恐れるのは本能だから、どうしようもないと言う人もいるかもしれない。

しかし、動物は日常的には死を怖がらない。犬や猫は、人間のように死ぬことを心配しているようには見えない。それはたぶん、死をイメージできないからだろう。

以前、スペインで闘牛を観《み》たとき、なぜ牛はほぼ勝てない相手（しかも凶器を手にしている）に、何度も突進するのか不思議だった。死を恐れる気持ちがあれば、まずは逃げるだろう。それを怒りにまかせて手向かい続けるのは、死ぬという概念がないからだ。それはある意味、幸せなことかもしれない。

人間も死を忘れている間は、死は怖くない。だったら、ずっと死を忘れていればいいのかというと、そういうわけにもいかない。死はいつか必ず訪れるのだから。

人間は動物にはない死をイメージする能力がある代わり、動物にはない理性と知力もあるのだから、それで死の恐怖を克服できるのではないか。

死が怖くないほうが人生を楽しみやすいし、死に対する準備も冷静に行える。

死を直視し、さまざまな側面を知り、考え方を変えることで、死の恐怖を克服する道を探れないか。

少しでも多くの人が死の恐怖から解放されることを目指すのが、本書の目的である。

それができるか否かは、あなた次第。さあ、頑張ってチャレンジしよう。

目次

第一章

死の恐怖とは何か

死はなぜ怖いのか

死の恐怖を考えるとき、漠然と怖がるのではなく、恐怖を構成する要素を分析するのが克服への近道だろう。

死が恐ろしいと感じる理由は、およそ次のように分けられる。

①未知に対する恐怖

死が怖い理由でまず思いつくのは、死んだらどうなるのかわからない、ということだろう。

人間はよくわからないものに恐怖を抱く。暗闇だとか、鎖国時代の異国だとか、新しい病気とかだ。暗闇は照らせば怖くなくなるし、海外の情報が知れ渡っている今は、外国というだけで恐れを抱いたりしないし、新しい病気も細菌やウイルスが同定されれば、予防薬や治療薬が開発されて取りあえずは安心につながる。

だから死の恐怖も、死んだあとどうなるかが明確にわかれば、和らぐはずだ。

いちばんいいのは、死んだ人に死んだらどうなるのかを聞くことだが、それはもちろん無理な注文で、臨死体験でお花畑を見たとか、先に亡くなった人に「まだ来るな」と言われたとかいう話もあるが、おいそれと信じることはできない。

降霊術やチャネリングで、亡くなった人と交信できるという人もいるが、これも鵜呑《うの》みにはできない。客観性と再現性がないからだ。

チベットの「死者の書」やヒンドゥー教の聖典「バガヴァッド・ギーター」、日本の「往生要集」などには、死後の世界がけっこう具体的に（天国と地獄、輪廻転生など）描かれているが、当然、額面通りに受け取るわけにはいかない。これらはむしろ、現世での善行を勧め、悪事を戒めると同時に、未知に対する恐怖を和らげるために（つまりある意図のもとに）、書き記された側面が強い。

死んだらどうなるかを直接、確認できないのであれば、類推で蓋然性の高い結論を導き出すしかない。人にかぎらず、すべての生物は死ねば「無」になるというのが、もっとも妥当だと思えるが、これはこれで、また新たな恐怖を生み出す。生きている人は、だれも「無」になったことがないからだ。やはり未知の恐怖が残る。

さらにまた、死んだら「無」になるという結論は、あまり人々を喜ばせはしないだろう。死後の世界はあるとか、永遠の魂が存在するとかいうほうが、心を安らかにしてくれる。

しかし、その安心は希望的観測、すなわち幻想で、実際の死が近づいてきたときには、役に立たない可能性が高い。

②自分が消滅してしまうことの恐怖

死んだら「無」になるという考えは、自分が消滅してしまうことの恐怖を呼び起こす。消えてしまえば怖いという感覚もなくなるはずだが、それでも今怖いと思うのは、感情が理性に勝っているからだ。怖いものは怖い。そういう感情支配の状況では、理性は無力にならざるを得ない。説得の余地なし、歩み寄りの可能性ゼロということだから、放っておくしかない。

しばらく放っておくと、感情支配下にある脳が、苦しみのあまり何とかならないのかと、わずかに門戸を開いてくる。そこで理性を支援することができれば、感情の支配を脱して、恐怖を抑え込むことができるだろう。

自分が消滅してしまうことの恐怖は、存在したいという本能があるからで、存在したくないと思っているなら、むしろ消滅は歓迎される。

なぜ、存在したいと思うかというと、存在すると何かいいことがあると思っているからだ。根拠のない思い込みだが、おそらくは、増殖することが目的のＤＮＡに思い込まされているのだろう。

自分が死んだあと、世の中が今まで通り、何の変化もなく続いていると思うと、恐ろしさと空《むな》しさが込み上げてくる。私のいない現実が何年も、何百年も続くのかと思うと、率直に言っていい気はしない。自分なんて、いてもいなくても同じなんだと、ふて腐れる気分にもなる。

消滅してしまうことの恐怖は乗り越えにくいが、消滅してしまえば恐怖も苦痛も感じようがないと理解するほかはない。

自分が死んだら、家族や会社や関わりのある人が困ると思って、恐怖する人もいるだろう。だが、残された者は何とかやっていくし、いくら恐怖しても死ぬときには死ぬので、あまり悩む必要はない。自分が死んだら世の中が困るとか、大きな損失だとかいう大胆な不安を抱えている人もいそうだが（特にエライ人）、もちろん代わりはいくらでもいるので、安心して死ねばいい。

③楽しみや喜びがなくなることの恐怖

死んだらもう二度とおいしいものが食べられない、旅行もできない、友だちとも遊べない、家族ともすごせない、好きな人にも会えないし、面白い映画や小説を味わうこともできない。笑うことも、感動することも、嬉《うれ》しいことも、楽しいことも、気持ちのいいこともなくなる。

これは大きな恐怖だろう。

しかし、これは満足していない人の話だ。

もう十分においしいものを食べ、旅行や遊びもし、好ましいことをすべてやり尽くして、もう満足しきっている人は、それ以上を求めはしない（もし求めるなら、それはまだ満足していないということ）。満足しているだけでなく、高齢になって老いの苦しみ、不如意、介護を受ける気ずつなさに苛《さいな》まれていると、楽しみや喜びを求める気持ちより、早く楽になりたい、早くお迎えが来てほしいという心境になる。

あるいはまた、これは不幸や苦難に見舞われていない人の話でもある。

死ねば楽しみや喜びがなくなると同時に、死ねば苦痛や困難や懊悩《おうのう》や悲惨や遺恨や煩悶《はんもん》や怒りや憤懣《ふんまん》や絶望や理不尽もなくなるわけで、ネガティブな状況が優勢の人は、死を恐れるより希求する思いが強いだろう。

私は以前、デイサービスを併設したクリニックに勤務していたとき、不整脈発作で意識を失った高齢女性を治療したが、意識を取りもどしたとたん、「死ねませんでしたか」と落胆したので、「生きていたら、またいいこともあるじゃないですか」と宥《なだ》めた。すると、彼女は「いいことなんかひとつもありません！」と、叫ぶように断言した。この女性は鬼嫁とのバトルに明け暮れ、地獄のような毎日を送っていたのだった。私の励ましがいかに安易で薄っぺらなものだったかを、痛感させられた苦い経験がある。

④大切な人などとの死別の恐怖

子どものころ、私が母親との死別を恐れたように、死には大切な人との永遠の別れという恐怖がつきまとう。

両親はすでに亡くなっているから、私にとって親との死別はもう終わっている。父は87歳、母は93歳で、どちらも年齢的に十分満足のいくものだったし、むしろこれ以上長生きさせるのはかわいそうなくらいだったので、悲しみより安堵《あんど》の気持ちのほうが強かった。

今は幼い孫たちに万一のことがあれば、どれほど悲しむだろうと恐怖を感じる。自分の死は怖くないが、孫の死は恐ろしいということだ。

息子や娘は30代から40代のはじめで、彼らが死んでも激しく胸を痛めるだろうが、孫たちの死よりは悲しみの程度は深くないような気がする。悲しいにはちがいないが、息子や娘はすでにある程度の人生を歩んでいるからだ。

幼い子どもの死は口では言い表せないほどの悲しみだが、赤ん坊の死はどうか。10カ月間、胎内で育てた母親には耐えがたい悲しみでも、それ以外の人間には実感として比較的悲しみの程度は軽い気がする。比較的というのは、愛らしい姿を見せる3歳とか5歳の子どもの死に比べればという意味である。赤ん坊にはまだ愛着の経験が十分でないから、悲しみの感情を刺激するエピソードが少ない。

在宅医療で高齢者を診療していたとき、90歳を超えている母親が、徐々に心不全の症状が悪化してきたので、娘さんに「そろそろ心づもりを」とやんわり告げたら、「えーっ」

と大声で驚かれて、逆にこちらがびっくりしたことがある。娘さんは母親の死をまったくイメージしていなかったようで、死の予告が寝耳に水だったらしい。これなどは常識的な心の準備が足りないということで、あまり同情する気になれない。

超高齢の親を看取るとか、がんであらかじめ死が訪れることがわかっている場合などは、心の準備をする時間的な余裕があるので、悲しみや恐怖もある程度は軽いのかもしれない。

親にかぎらず、大切な身内や知人との死別ほど悲しいものはない。そのつらさを避けるための確実な方法がひとつだけある。自分が先に死ぬことである。

⑤肉体的な苦痛に対する恐怖

「いつ死んでもいいけれど、苦しむのだけはいやだ」という言葉を何度か聞いた。死ぬときに苦しみたくないというのは、万人の願いだろう。

私の経験では、死ぬときに苦しみたくないと思っている人ほど、苦しむような気がしている。注射を怖がる子どもほど、注射を痛がるのと同じだ。

死ぬときの苦しみには、呼吸苦、胸苦しさ、嘔気《おうき》、全身の倦怠感《けんたいかん》、身の置き所のないつらさ、場合によっては関節痛や内臓痛、筋肉痛、頭痛、咽頭痛などもある。

呼吸苦は肺そのものが酸素を取り入れる能力を失っていることによるので、酸素を与えても人工呼吸をしても、苦痛の改善にはつながらない。

胸苦しさも、肺と心臓の機能が低下することで起こるので、人工心肺でもつながなければ苦痛は取れない。臨終を迎えようとしている人に人工心肺を取りつけることなどあり得ないが、仮に装着したとしても、身体全体が酸素を取り入れられなくなっている可能性が高いので、やはり苦痛は取り除けない可能性が高い。

同様に、その他の苦痛も医学的に取り除くことはむずかしい。

生命が死を迎えようとしているのだから、苦しいのは当たり前で、それを治療で何とかしようとすれば、苦痛は減らずに死の到来が遅くなって、苦しみの時間だけが延びることになる。

死が近づいてきたら、医療で無闇に遠ざけず、自然にまかせるのがいちばん苦痛が少ないことになる。私が在宅で看取った患者さんたちは、何もしないことで比較的楽な最期を迎えた。

かたや、外科医のころに経験した病院での臨終は、機械につながれたり、針を刺されたり、管を突っ込まれたりして、苦痛の時間が引き延ばされていた。

私の父は誤嚥性《ごえんせい》肺炎で一晩で死を迎えたが、そうなる少し前に、「死ぬのがこれほどしんどいとは思わんかった」とつぶやいた。「しんどい」というのは、苦しいという意味だけでなく、疲れるとか大仕事とか難儀とかいうニュアンスを含んでいる。

老衰やがんなどで体力が失われていると、治療さえしなければ比較的苦しみの時間も短く臨終を迎えられる。若くて体力があったり、治療で命を引き延ばしていると、耐えがたい苦痛が長引いて、場合によっては強い鎮静剤で意識を失わせることになる。意識がもどると苦しむので、多くはそのまま昏睡《こんすい》から死に至る。実質的には安楽死ということになる。

死ぬときはある程度苦しいと、あらかじめ覚悟しておいたほうがいい。受け入れることが、実際の苦痛を和らげてくれるし、あまり苦しくなければ、思ったほどではないと楽な気持ちで最期を迎えられる。

⑥人生が未完成に終わる恐怖

人生でやり残したことがあると、死はいっそうつらいものになる。仕事にせよ、子育てにせよ、結婚や親の介護にせよ、やり遂げる前に死が訪れると、死んでも死にきれないという気持ちになる。私が看取った患者さんでも、障害のある子どもを残して逝かざるを得なかった母親や、大きな事業をはじめて死ぬわけにはいかないと言っていた社長、愛人との子どもを残して死ぬ母親など、気の毒な状況の人は何人もいた。どれほど理不尽な状況でも、死は自然の営みとして、人間の都合にはいっさい配慮せずに訪れるということを、身を以《もっ》て体験した。

それほど悲惨な状況でなくても、人生の一大事業だとか、市民運動、訴訟、作品の完成、うまくいかなかったことへの再挑戦など、夢や目標を持ってしまうと、それをやりおおせずには死ねないということになる。

ほかにも、思い出の地の再訪、世話になった人へのお礼、喧嘩《けんか》別れした友人との和解、逆に恨みのある相手への報復、ずっと我慢してきたことの実現など、死ぬまでにしたいことがいろいろあるかもしれない。おいしかった料理、感動した映画やドラマ、演芸や音楽、楽しかった遊びなど、もう一度味わいたい娯楽もあるだろう。

いきなり死を突きつけられて、それらを体験できないとか、実現できないことは、深い悲しみと悔いをもたらすにちがいない。

私も小説家としてデビューしたてのころ、いくつか長編のアイデアを仕上げられずに死ぬことになったら、悔しいだろうなと思ったものだ。しかし、それはそれで仕方がない。デビューするまでに時間がかかった私が悪いのだし、私の小説など大切に思うのは私だけで、世間には何の意味もないと思っていたので、別に恐怖までは感じなかった。

今もアイデアだけはいくつもあるが、どこまで作品化できるかは運次第。死が訪れればそこまでだったということで、これはだれのせいでもない。そう思えば、人生が未完成に終わる恐怖は免れる。

けれど、もし小説家としてデビューできずに死を迎えていたらどうか。悲しいけれど、仕方ないと思えたのではないか。17歳で小説家を目指して、48歳でデビューするまでの間、後半はずっとこのまま終わるのかなと思い続けていたから。いつかはデビューできると信じていたわけではないし、自信があったわけでもない。ただ熱意があっただけ。

これをやり遂げねば死ねないなどと思うのは、自分の都合で、死はそんなものにお構いなしに訪れる。だから、妙な思い入れや執着は少ないほうが、人生が未完成に終わる危険性を低くできる。

⑦宗教的な恐怖

無宗教の私にはわからないが、宗教が世の中を支配していた時代や、現代でも信仰心の厚い人には、死に関して宗教的な恐怖を抱く人もいるだろう。

すなわち、地獄に落ちる恐怖だ。

キリスト教では「最後の審判」で生前の行いに対する判定が下され、神の意志に背いたと判定されると地獄（ゲヘナ）に落ちて、霊的肉体的に永遠の苦しみが与えられるという。

イスラム教では死後にアッラーの裁きを受け、罪を犯した者は地獄で苦しむことになる。

仏教では輪廻転生があり、生前の行い（業・カルマ）によって来世の生が決まる。悪いカルマを積むと、来世はより苦しい生を迎えることになる。日本の仏教では古くから地獄が絵図などで具体的に語られ、現世での悪行を戒めるのに役立っている。

ヒンドゥー教でも仏教同様、輪廻とカルマがあり、生前に悪いカルマを積むと、より低い存在として生まれ変わるとされる。

いずれも現世での悪行を戒める意味合いが強く、その意味で社会的には都合よくできている。悪行を積めば地獄に落ちたり、来世で苦しんだりする一方で、善行を積めば天国や極楽に行けたり、輪廻から解脱して平安に至ったりするので、死後の安心につながる側面もある。

⑧本能的な恐怖

具体的な理由があるのではなく、理由もわからずとにかく怖いという気持ちもあるだろう。いわゆる本能的な恐怖で、死を意識するのとほとんど同時に湧き起こる感情であるため、分析することもむずかしい。

子どものころに抱く死の恐怖は、このパターンが多いと思われるが、大人になると右に挙げたようにさまざまな理由が具体化するので、知性と情報によって克服される可能性がある。逆に言うと、大人になってもとにかく死が怖いというのは、感情的に成長しきっていないとも考えられる。

死の恐怖アンケート

本書のテーマを提案してくれた編集者が、自社内で「死の恐怖の理由」についてアンケートを実施してくれた。回答者は50人で、内訳は20代が17人、30代10人、40代6人、50代16人、60代が1人。

右に挙げた死が怖い理由に即して集計すると、結果は次のようになる（複数回答あり）。

・肉体的な苦痛：17（26・6％）
・自分が消滅すること：11（17・2％）
・大切な人との死別や家族に迷惑をかけること：11（17・2％）
・死が未知であること：8（12・5％）
・楽しみや喜びがなくなること：4（6・2％）
・本能的な恐怖：4（6・2％）

「死の恐怖の理由」アンケート

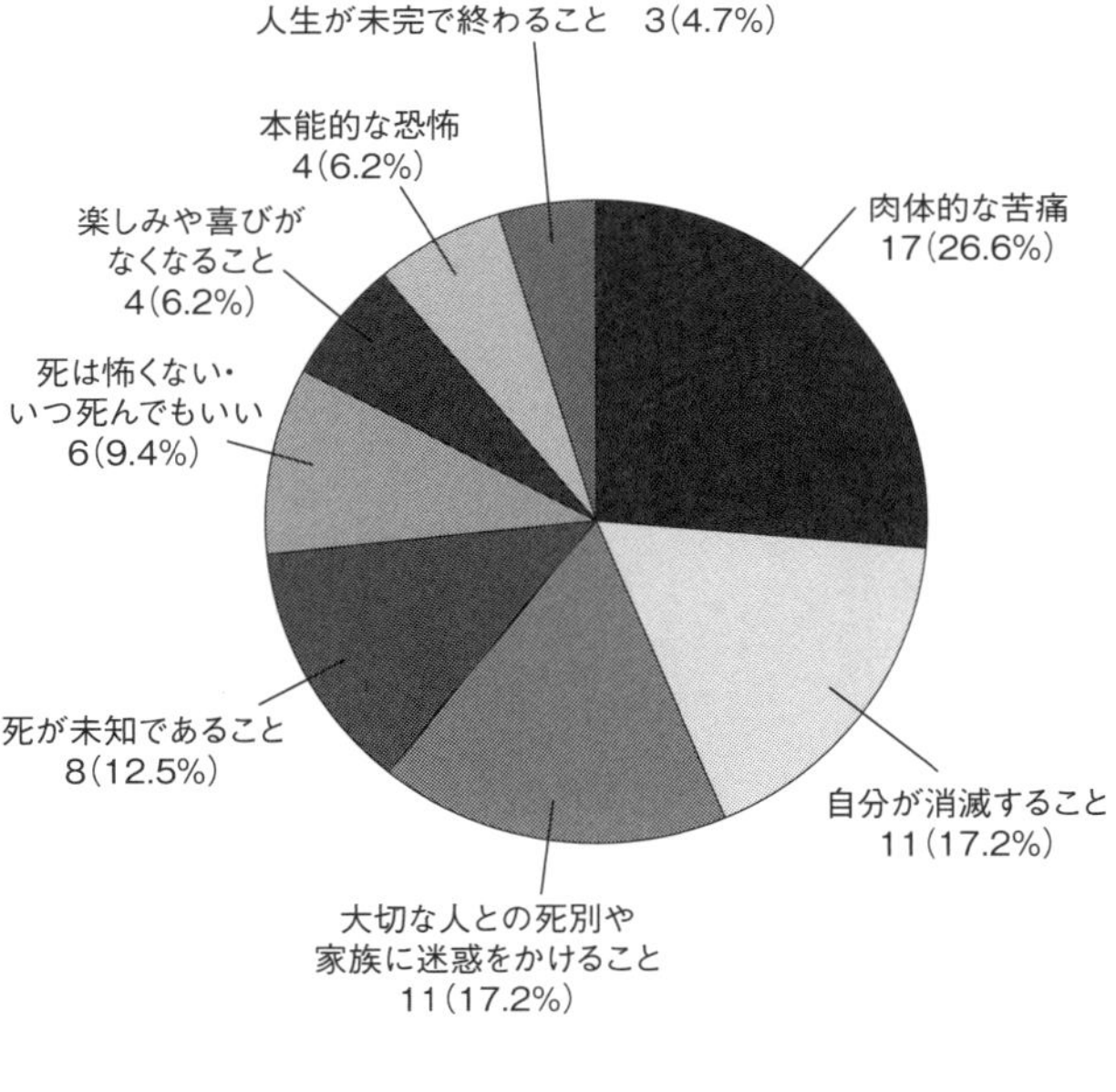

・人生が未完で終わること：3（4・7%）
・宗教的な恐怖：0（0%）
ほかに死は怖くない・いつ死んでもいいという回答が6（9・4%）あった。

死の恐怖の理由でもっとも多かったのは、肉体的な苦痛で、次いで自分が消滅することと、大切な人との死別や家族に迷惑をかけることが並ぶ。

年代別に見ると、20代では死ぬときの苦痛を恐れる人や、自分が消滅してしまうことへの恐怖を訴える人が多く、30代40代と進むにつれ、家族との死別や家族に迷惑をかけることと、人生が未完で終わることに恐怖を感じる人が増える。中には死を恐れない人やいつ死んでもいいという人もいた。

具体的な回答を見てみよう。

『スパッと死ぬなら構わないが、死に損なって家族に迷惑をかけたくない』（50代）
『死よりも、その前に寝たきりになるのが恐怖』（60代）
『一人で誰にも気付かれずに死んでしまったらどうしよう』（20代）
『痛みだけが気になる。あとはこの世でやり残したことがなく、周囲ともきちんとお別れの挨拶できていれば、納得感のある死になるのではと思う（なので普段から家族と密なコミュニケーションを取っているし、やりたいこと・食べたいこと・行きたい場所など、最近は自分のＷａｎｔを先送りにしないようにしている）。死後の世界は正直楽しみ（心理学や臨死体験など、科学的な視点から死について考えることが多いため）』（20代）

『死によって自分の人生が終わり、結婚したばかりの妻と永遠に会えなくなることを想像すると、胸が張り裂けそうな思いにかられました。こんなにも愛しいものと過ごす幸せな時間がもうそれ以上味わえないのかと思うとなんて恐ろしいのだろう、と。子供が生まれたあとも同様でした。自分の死で、自分が消えることよりも、すごせるはずだった幸せを失うような気持ちが怖いのかもしれません』（30代）

『自分が死ぬより配偶者が死ぬ方が恐怖感強いです（時々夢見てうなされるくらい）』（30代）

『自分でなく家族の死がいや。家族が死によって苦しむのがいや。家族を残していくのがいや』（40代）

『子供のころは自分よりも親の死がとにかく怖かった。子供ができると、子供の成長を見届ける前に死ぬのは怖いと感じるようになった』（50代）

『死ぬまでに苦しむのは困る。事故などで一瞬で死ぬなら何時でもＯＫ』（50代）

『死後の意識の存続の不確かさがネック。あるいは個・自我が消えることによって安寧が得られる保証があるならばそれでも良い。ひとつの大いなる意識と一体化するでもいい。死は誰にでも訪れるのにその実体がわからないことは「究極の平等」だとは感じてます。偉い人も金持ちも凡人も貧乏人も、必ず死ぬ。科学は世界の事象の一部しか解明していないのに、科学をして「死後は無」と断じるのは愚の骨頂。しかし宗教もすべてはつまびらかにしてくれない。臨死体験やイタコや交霊会も死の断片情報しか提供してくれない。つまり「死」をわからないものとして、考え続ける対象として、我々は生きなければならない。ならば生は結局死に根ざしているし、逆もしかりと考える』(50代)

こうして見ると、死ぬこと自体より、死が確定することへの恐怖を訴える人が多いようだ。それは多くの人が、死を絶対的な不幸と感じているからだろう。状況によっては、死の確定が好ましい場合もあり得るが(たとえば、死ぬ以外に逃れられない苦しみに苛まれている場合など)、そこに意識の及ぶ人は多くはない。

過剰な恐怖——死恐怖症

死の恐怖が高じて、日常生活に差し障るようになると、精神疾患と見なされて治療が必要となる。これを「死恐怖症（タナトフォビア）」と言う。「タナト」はギリシャ神話の死の神「タナトス」に由来し、「フォビア」は古代ギリシャ語で恐怖を意味する「ポボス」から来ている。

「死恐怖症」は、もともと繊細な人や神経質な人が、身近な人の死に接したり、事故や災害による大量死のニュース、リアリティのありすぎる映画やドラマなどで、死を強烈に感じたときに発症しやすい。

この状態になると、今すぐ死ぬわけでもないのに、死の恐怖が頭から離れず、ほかのことが手に付かなくなる。強い不安や不穏、不快感などで、心理状態が不安定な状態になり、身体的にも動悸《どうき》、発汗、口渇《こうかつ》、震えなどが起こる。

私も子どものころ、夜に布団に入って死を考えると、そこはかとない不安に駆られて、叫びだしそうになるほど怖くなったが、たいていはそのまま眠ってしまうので、死恐怖症には至らなかった。

「死恐怖症」に似たものとして「死体恐怖症（ネクロフォビア）」がある。これは死体や死を連想させるもの（墓や葬儀や柩《ひつぎ》等）に極度の恐怖を抱くもので、「死恐怖症」と同様、日常生活に支障を来す。

日本のメディアは死体の映像を厳しく自粛していて、公共放送で鮮明に映し出されることはまずない。歴史的な写真等で死体が映る場合も、事前に警告が流されたりする。

死体は一般に不快感を呼び起こすので、ことさら映し出す必要はないが、あまりに隠ぺいしすぎると、死体に対する免疫が獲得できず、何かのはずみで死体そのものや死体の画像や映像を見たとき、衝撃が大きくなる危険性がある。

死も死体も現実に存在するものなので、なかったことにするのではなく、少しずつ見せることが死や死体に対する耐性をつけることに役立つ。

虫や魚の死体　↓　鳥や動物の死体　↓　人間のきれいな死体（安らかに眠っているような）　↓　人間の現実的な死体（事故や災害の被害者）　↓　人間の悲惨な死体（事件や戦争の犠牲者）と順を追って、子どもから青年期あたりに、機会を捉えて見せておくとよいのではないか。

死が怖くなるのはどんなときか

一部の死恐怖症の人を除き、四六時中ずっと死の恐怖を感じている人はいないだろう。人はどんなときに死の恐怖を感じるのか。

多いのは、進行がんや重症化した新型コロナ肺炎など、死の危険性が高い病気の診断を受けたときだろう。突然、死が目の前に突きつけられ、たいていの人が驚愕《きょうがく》と動揺とともに恐怖に駆られる。

しかし、すべての人ではない。死の危険性の高い診断を受けても、比較的平然と受け止める人もいる。覚悟ができている人、運命を受け入れる心構えができている人、死の危険性が十分理解できない人、性格的に死の恐怖をあまり感じない人などである。

逆に、まだ死ぬと決まったわけではないのに、絶望して取り乱したり、自暴自棄になったりする人もいる。

医療者は専門知識があるので、ある程度、冷静に受け止められるが、一般の人は不安と疑心暗鬼に駆られ、悲観と楽観の間で揺れ動く。しかし、これにも慣れの効果があり、がんが再発した人でも、最初はかなり落ち込むが、抗がん剤治療などを経て、二度、三度と再発の告知を受けているうちに、「またか」となって、あまり動揺しなくなる。そのうちに徐々に死への心づもりもできてきて、残り時間をうまく使って穏やかな最期を迎えるケースもある。

病気以外で死が目の前に突きつけられると、たいていは心の準備をする暇もなく、かなりの恐怖を感じるのではないか。登山中に滑落するとか、飛行機が墜落しそうになるとか、敵対勢力に拉致された抗争中のヤクザなどは、まさに生きた心地がしないだろう。

私自身は日常的には死の恐怖を感じていないが、いざ目の前に死を突きつけられると、やはりドキッとして、恐怖を感じるかもしれない。

過去に死ぬかもと思ったことは何度かあり、このままいけば危ないと、刹那、恐怖を感じたことがある。

たとえば、私は30代のはじめに外務省の医務官として海外の日本大使館に勤務したが、最初の任地サウジアラビアから、南イエメン（当時）に出張したとき、だれもいないプライベートビーチで泳いでいて、沖に流されそうになったときは死の危険を感じ、必死に泳いで足が届くところまでもどれたときには「助かった」と全身の力が抜けた。

同じく医務官時代、サウジアラビアで高速道路の出口を曲がりきれず、ガードレールに激突して、一般道路に飛び出したときは、対向車が来ていたら死んでいたなと思ったこともある。どの車も思い切り飛ばしているので、急ブレーキが間に合うことはまずないから（現に私の在勤中に日本人出張者が事故で亡くなっている）。

フィジーではパイロットを含め6人乗りの小型飛行機で出張し、目的地に着いても雲が厚くてなかなか着陸できず、イチかバチかのようにパイロットが高度を下げたときも、目をつぶらずにいられなかった。

パプアニューギニアでもセスナで山奥の村に向かったとき、同じく雲が厚くて着陸できず、低空飛行で旋回の末、パイロットが出発地にもどると決断したときには、思わず安堵の息がもれた。

インドのラダックというところに旅行したときは、案内役のドライバーが猛スピードで何度も対向車線にはみ出して追い越しをしたので、このときも生きた心地がしなかった。

いずれのときも、ハラハラドキドキして、心身ともにぐったり疲れた。

自殺者は恐怖を感じないのか

ふつう死は受動的に押しつけられるものだが、自殺者は能動的に死に向かっていく。恐怖は感じないのだろうか。

私が若いころから追っかけをしている久坂葉子《くさかようこ》という作家は、1952年の大晦日《おおみそか》に、阪急六甲駅で特急電車に飛び込んで自殺をした。神戸の川崎重工の創始者の曾孫で、男爵家の令嬢で、19歳で芥川賞候補になり、自殺したときは21歳だった。

自殺の理由は失恋や厭世《えんせい》、自らの罪深さなどだが、彼女は10代から自殺未遂を繰り返していて、もともと死に対する傾斜が強かった。

飛び込み自殺は一瞬で意識が消えるのだろうが、迫り来る電車に向かって身を投じる決断力は、どのようなものかと想像する。飛び込めばすべては消える。それでいいのか。一瞬でも迷いがあれば、飛び込むことはできないだろう。

飛び降り自殺にも似たような決断力がいる。高層ビルの屋上、あるいは断崖絶壁から宙に身を躍らせるとき、その決断力は飛び込み自殺に近いものがあるだろう。取り返しのつかない一瞬。飛び出してしまえば、もうもどることはできず、地面に激突してすべてが消えるのを待つばかりだ。これも想像しただけで身の毛がよだつ。空中を落下する何秒かの時間がある分、一瞬で消える飛び込み自殺より怖いかもしれない。

その点、首吊《くびつ》り自殺やガス自殺は、途中で中止することも可能な分、実行への決断力は少なくてすむかもしれない。

睡眠薬自殺も死ぬまでに眠れれば恐怖も軽くすむだろう。青酸カリ自殺は短時間で死を迎えるので、恐怖と苦痛も大きいようだ。砒素《ひそ》は『ボヴァリー夫人』を読むまでもなく、時間がかかる上に苦痛も強いので、悔いを残すのではないか。

入水《じゅすい》自殺も飛び降り自殺に似ているが、溺れて死ぬのは苦しそうで、どちらかというと避けたい方法だ。

練炭自殺や排ガス自殺も苦しそうだが、睡眠薬と併用すれば苦しまないですむかもしれない。

私の医学部の同級生は2人自殺しているが、1人は失恋による飛び降り、もう1人は人間関係に悩んで、睡眠薬と筋弛緩剤《きんしかんざい》を自分で点滴して亡くなった。

自ら死を選ぶ人は、死の恐怖より生のつらさのほうが大きいので、自ら命を絶つのだろう。死ぬのが怖いと思っている間は、自殺の危険性は低いということだ。

死ねないことの恐怖

ここまで死ぬことの恐怖について書いてきたが、実は死ねないことにも恐怖がある。死ななければいいではないかと思うのは、長生きをしていない者の感覚で、長生きをして死ねないことの恐怖を感じている人は、決して少なくない。

たとえば、私の父がそうだった。

父は麻酔科の医者だったが、65歳の定年と同時に病院をやめ、以後、いっさい仕事をせずに、昼寝と読書と喫茶店通いの日常に、映画、展覧会、美術展の鑑賞、母との国内旅行や海外旅行を楽しんでいた。

80歳くらいまでは生きたいと思っていたようだが、それ以上になって徐々に身体が弱ってくると、95歳とか１００歳まで生きたらどうしようという恐怖を感じていたようだ。

そんな長生きをしたら、さらに身体は弱り、あちこち痛かったり、関節が固まって着替えにも難儀したり、床ずれができたり、目や耳が疎くなって本も読めず、映画も観られず、音楽や落語も楽しむことができなくなって、下の世話を受けなければならないとか、寝たきりになって家族に迷惑をかけるとか、ネガティブだけれど現実的な心配が募っていたからだ。

だから、85歳で前立腺がんになったときは、診断した医者に、「これで長生きをせんですみますな」と、晴れやかな顔で言い、医者を唖然《あぜん》とさせた。

私自身も長生きをしすぎることは避けたい気持ちが強い。まもなく70歳の今はまだ自立して生活しているし、いろいろ楽しむことができるから、まだ死にたいとは思わないが、これが85歳、90歳と死なずにいて、出かけることもできず、視力と聴力と集中力が低下して、本も読めず、ＤＶＤも観られず、ＣＤも聴けず、パソコンも使えなくなって、味覚も落ち、食事をすればむせ、呼吸さえも苦しいという状況になれば、死ねないことに恐怖を抱くことになるだろう。

人間は適当なところで死ぬのがいいというのが、父から引き継いだ持論だが、生命尊重、死は絶対拒絶の現代では、なかなか口にはできない。

しかし、がん治療や高齢者医療の現場にいた経験からすれば、命は大切だけれど、大切にしすぎることにも弊害があると言わざるを得ない。

現場にいる者は、だれでも知っていることだが、まだまだ世間の側に受け入れる用意が調っていないので、多くは口をつぐんでいるのである。

第二章

医者は死をどう考えているのか

医者と死の恐怖の関係

医者は職業柄、一般の人より人の死に接する機会が多い。

しかし、すべての医者が患者さんの死を看取っているわけではない。皮膚科や眼科、耳鼻科、整形外科、泌尿器科、麻酔科、放射線科、精神科の医者が診る病気では、人はあまり死なない。

耳鼻科には喉頭がんや咽頭がんや舌がん、眼科には網膜芽細胞腫、整形外科には骨肉腫や脊髄腫瘍、泌尿器科には腎臓がんや前立腺がん、膀胱《ぼうこう》がんなどもあるけれど、内科や外科、産婦人科、小児科、救命救急科に比べると死ぬ患者は多くない。

どの科の医者でも、開業医は院内で患者を看取ることはまずない。外来診療しかしていないのに、院内で患者が死ねば一大事で、医療ミスや事故の可能性が疑われる。

緩和ケア（ホスピス）の医者や、在宅医療で末期がんの患者さんや老衰に近い高齢者を診ている医者は、患者さんの死を看取る機会が多い。

死ぬ患者さんが少ない科の医者でも、医学生時代の解剖実習で一般の人はまず経験しない死体の洗礼を受ける。

私にも覚えがあるが、それまで葬式を含め、死体を見たことがなかったので、解剖台に乗せられた死体には衝撃を受けた。私は実習初日の昼休みに、ひとりでこっそりと解剖室に入り込み（当時は無施錠でだれでも入れた）、しんと静まり返った広い部屋で30体の死体を見たので、異次元に迷い込んだような不安と、肝の冷える体験をした。

解剖は学生4人で1体を担当し、約半年をかけて実習を終える。はじめのころは、このご遺体（私のグループに割り当てられたのは、60歳代の頭髪の薄い小太りの男性だった）が、何の病気で亡くなったのか、どのような人生だったのか、家族はどうだったのかなどの思いが頭をよぎるが、メスを入れ、皮膚を剝《は》ぎ、筋肉を分けて内臓を露出し、神経と血管の走行を確認するうちに、徐々にこれが人間の死体であるという認識が薄れ、眼球や脳を取り出すころには、すっかり慣れて、休憩時間に学食でうどんを食べたり、卓球で気晴らしをしたりした。

解剖実習はホルマリン固定を施した遺体で行うが、病院実習で見る病理解剖は、亡くなった直後のご遺体で行うので、生々しさもひとしおである。

さらに法医学の実習では、孤独死や自殺、ときに殺人事件の被害者や腐乱死体を見ることもあり、さまざまな死の現実を学ぶ。それでメンタルが耐えられない学生は、死を診ることの少ない科に進むことになる。

いずれにせよ、医者は知識の上でも実体験でも死に接する機会が多いので、死は自然なもの、致し方のないもの、避けられないものという実感が一般の人より明確にある。

医者にもいろいろな人がいるから、死の恐怖にも温度差があると思うが、あまり強い恐怖を感じている人は少ないのではないか。自分の死より家族や親しい人の死を恐れる気持ちは強いだろうが、それは死の恐怖というより、死という避けようのない残酷な現実に対する怯《おび》えだろう。

看取りの〝儀式〟

医者も医師免許の取りたては、当然ながら死を看取ることに慣れていない。

だから、研修医は先輩にそのノウハウを教わる。私は次のように習った。

「アルバイトで夜の当直に行った病院で、患者を看取るときのコツは、慌てず、騒がず、落ち着かず、だぞ」

慌てると、新米であることがバレて頼りないと思われてしまう。騒ぐと、医療ミスがあったのではないかと疑われてしまう。落ち着きすぎると、患者さんを見放していると思われるので、ある程度の緊迫感を出せということだ。すべては亡くなる人ではなく、駆けつけた家族対策である。

人が死ぬときは、映画やドラマのように、「うぅ、ガクッ」というような死に方はしない。昏睡状態になって死が近づくと、下顎《かがく》呼吸といって下あごを突き出すような呼吸になる。息が止まっては吸いを繰り返し、徐々に間遠になって最終的に呼吸停止となる。その時点で時計を見て、「何時何分。御臨終です」と告げる。ところが、これを早まると、臨終を告げたあとで、最後の下顎呼吸が起こったりする。すると、家族が「あーっ、まだ生きてる」と叫んだりして、格好がつかなくなる。だから、先輩からは下顎呼吸が終わったと思っても、すぐに臨終を告げず、2分ほど待ってから告げるように言われた。

心電図も同じで、臨終が近づくと波形が乱れ、波の間隔も開いて、最後は完全にフラットになる。しかし、これも早まると、臨終を告げてから最後の波がピコンと出ることがある。するとまた「あーっ、まだ生きてる」となるので、先輩には「臨終を告げたら、すぐに心電図のスイッチを切れ」と言われた。

つまり、医者が告げる臨終の時刻は、実際の患者さんの死の時間より、少し前後するということだ。

人間は全身の細胞が同時に死ぬのではなく、心臓も肺もある時点で急に機能を停止せず、細胞レベルで徐々に死んでいくので、どの時点が人間の死か確定することはできない。呼吸と心拍が停止しても、腎移植や角膜移植ができるのは、それらの細胞がまだ生きていることを示している。

また、研修医のころ当直のアルバイトに行くと、その病院の居残りの医者から申し送りを受けるが、夜に臨終を迎えそうな患者さんについて、「悪いが、〝儀式〟をよろしく頼む」とか、「この患者は〝儀式〟はいらないから」と言われる。

〝儀式〟とは蘇生《そせい》処置のことで、心臓マッサージや強心剤の心腔内注射、場合によっては除細動器（AEDと同じカウンターショック）の使用を意味する。末期がんや老衰などで亡くなる患者さんは、蘇生処置をしても復活することはあり得ないが、何もしないでただ臨終を告げると、あとで家族が「あの病院は何もしてくれなかった」と「はじめから見捨てていた」などと言われる危険性があるので、無駄とは知りながら、やったふりをするのである。心臓マッサージは本気でやると肋骨《ろっこつ》や胸骨が折れたり、カウンターショックでは皮膚に火傷《やけど》ができたりするので、形だけそれらしくする。だから〝儀式〟なのである。

〝儀式〟はいらないと言われるのは、家族が十分に死を受け入れていて、死にゆく患者さんに無駄なことはしないほうがいいと理解している場合である。

こちらの家族のほうが好ましいのは明らかだろう。

医者にとって死は敗北か

患者さんの死を自分の敗北だと感じる医師がいるとしたら、それは助けられる患者さんを助けられなかったときで、未熟であるとか、判断をまちがえたとか、技術的なミスをしてしまったとかで、大いに問題である。

ふつうの医者は、どんなにベストを尽くしても、治る患者さんは治るが、死ぬ患者さんは死ぬと思っている。だから、全力を尽くしたけれど患者さんが亡くなったという場合、それは敗北でも何でもなく、致し方なかったと思う以外にない。

全力を尽くさずに、患者さんが亡くなった場合は、敗北というより怠慢、手抜き、やる気不足で、ふざけるな！　ということになる。

私が外科医だった若いころ、医局では、「外科医は手術で命を救ってナンボ」という空気が漂っていた。だから、がんの手術などは、むずかしいものであればあるほど、若い外科医たちはファイトを燃やしていた。誠に頼もしいと思う人もいるだろうが、私は批判的に見ていた。

というのは、彼らは治らない患者さん、すなわちすでに転移や再発のある患者さんには、おざなりな対応しかしなかったからだ。どれほど頑張っても救えないのだから、ファイトが湧かないというわけだ。

私は研修医のとき、食道がんの患者さんを受け持って、カンファレンスで新入院紹介をしたとき、肝臓に転移があると報告したとたん、熱心に耳を傾けていた医局の医師たちが、急に波が引くように興味を失ったのを見て啞然としたことがある。大学病院では治る患者を優先的に受け入れるので、転移のある患者は市中の関連病院にまわすことになっていたからだ。せっかく大学病院に入院したのに、手術も受けられずに転院させられる患者さんに、私は何と言っていいのかわからなかった。代わりに指導医が引導を渡してくれ、患者さんは黙って転院していった。

ひどいと思ったが、一方では治る見込みのある患者さんが、入院待ちをしている事実もある。待っている患者さんにすれば、治らない患者さんが長くベッドを占領するのではなく、自分たちにベッドを譲ってくれと思うだろう。

私は若いころからがんの終末期医療に関心を持ち、治らない患者への医療を模索していた。そう話すと、先輩の外科医に、「お前は変わってるな」と呆《あき》れられた。

治らない患者さんに関心を示さない先輩医師たちも、治る見込みのある患者さんには、それこそ私生活を犠牲にしてでも全力を尽くす。だから、一概には非難はできない。そういう医師にとっては、死は敗北かもしれないが、はじめから負けるとわかっている転移や再発のある患者さんにも、医療は必要なはずだ。しかし、医者も1日は24時間しかなく、休みも必要なので、すべてを診るわけにはいかない。

死を敗北と感じ、命を救うことに全力を尽くしてくれる医者は、患者さんには頼もしい存在だろう。ただし、この勝負、負けても死ぬのは患者さんで、医者は死なないところがもどかしいところだ。

医者が宣告する余命

がんで転移や再発があると、医者から余命を告げられることがある。

患者さんにとっては大きな衝撃だろう。しかし、その余命の根拠や意味合いや確実性について知る人は少ないのではないか。

以前、私の幼なじみは母親が肺がんでもう助からないというとき、「医者から余命は5カ月だと言われた」と落ち込んでいた。余命5カ月？　それはまた中途半端なと、私は首を傾《かし》げた。当時は医者の言う余命はあと3カ月とか半年とかで、5カ月というのは聞いたことがなかったからだ。

「ほんとに5カ月と言われたのか」と聞くと、「1カ月前にあと半年と言われた」とのこと。それほどきっちり信用するのかと驚かされた。

医者も予言者ではないので、個別の患者さんの余命は正確にはわからず、最近では余命が1週間とか3週間のときは「週単位です」と言い、3カ月から6カ月あたりでは「月単位」、1年とか3年とか生きそうだったら「年単位」などと言うこともある。

一方、けっこう具体的に告げられることもあるが、これは「中央値」と言って、同じステージの患者さん100人に、同じ治療をして、50番目に亡くなるまでの期間のことである。同じ治療をはじめても、早く亡くなる人もいれば、長く生きる人もいるから、中央値は単なる参考で、個別の患者さんがどれくらい生きるかは神のみぞ知るということになる。

基本的に医者は余命を短めに言うバイアスがかかっている。ほんとうは長めに言って少しでも安心させてあげたいのだが、長めに言って早く亡くなると、「もっと生きると言っていたのに」と嘆かれたり、場合によっては治療の失敗を疑われたりする。

逆に余命を短めに告げておくと、それ以上に生きたときに「よく頑張っている」と喜ばれたり、「先生のおかげです」などと根拠のない感謝をされたりもする。

そもそも、余命宣告はする必要があるのだろうか。

医者から余命を告げられたとたんに落ち込み、楽しむ気持ちが萎え、生きる気力も失って、せっかくの残り時間が灰色になってしまわないか。

ある人は余命2カ月と言われたので、治療もせず、検査も受けなかったら2年も生きたという。その人はどうせすぐ死ぬのだからと、旅行にも行かず（旅先で倒れたら迷惑がかかるので）、自分の人生を整理することもしなかったらしい。余命さえ聞いていなければ、2年間、いろいろ好きなこともできただろうにと悔やんだそうだ。

医者が余命を告げるのは、すべきことをするための参考にしてもらうためだ。いつまでも生きると思っている人は、往々にして時間を無駄にし、死が迫ってから慌てたりする。

日本では1990年ごろまで、患者さんへの思いやりでがんの告知をしなかったが、今では患者さんの知る権利を侵害していると受け取られる。余命についても同様だろう。私は人権には知らずにいる権利もあると思うが、患者さんの中には余命を知りたいと思いながら、聞くと「知らなければよかった」と言う人もいるから困る。

正確な余命は神のみぞ知る。余命は知っても知らなくても必ず最期は来る。それは末期がんであれ、健康な人であれ、若者でも老人でも同じ。そうわきまえて、今を生きることに集中する精神力が重要となる。

よい医者に当たりたいと思うなら

先日、高校の同級生の集まりがあり、中のひとりが肝臓がんを医者に見落とされたと怒っていた。半年前の検査で影があったが、たぶん大丈夫と言われたので放置していると、次の検査でがんであることがわかったという。幸い、一命は取り留めたようだが、結果的には医者のミスで、同級生が怒るのも無理はない。だが、私は内心でその医者をかばいたい気持ちになった。判定がむずかしい場合や、どう診ても良性に見えることもあるからだ。

医者ががんを見落とすなど許せないと思う人も多いだろう。だが、医者自身ががんで命を落とし、配偶者や親、子どもなど、大切な家族をがんで失っているのが現実だ。私の大学の同級生は１２０人中、４人ががんで死んでいる。配偶者をがんで亡くした者もいる。自分や大切な家族のがんを早期発見できないのに、赤の他人である患者さんのがんを１００パーセント診断できるとはとても思えない。

がんだけでなく、心筋梗塞や脳卒中、パーキンソン病やＡＬＳ（筋萎縮性側索硬化症）などの難病、うつ病や認知症になっている医者も少なくない。医者は一般の人より多少病気や健康に詳しいけれど、決して特別な力を持っているわけではない。にもかかわらず、医者に対する世間の期待値は異様に高い。

ある全国紙の社説に、次のように出ていて、私は天を仰ぎたくなった。

曰《いわ》く『患者の病気を治すのは当然として、ひとりひとりの悩みや苦しみにも共感し、身体のみならず精神面でのきめの細かい対応をしてほしい』。

そんなことを当然とされたら、医者は裸足《はだし》で逃げ出す以外にない。患者さんはそれぞれ性格もちがうし、人生背景もちがうし、家族関係、知的レベル、興味の対象や心配のタネも異なり、あまつさえ医者はたくさんの患者さんを受け持っているのに、ひとりひとりに身体のみならず精神面でのきめの細かい対応など、できるわけがないではないか。それなのに名だたる大新聞が社説にこんなことを書くと、世間の人は、まさにその通りなどと思って、医者に対する期待値がうなぎ上りになってしまう。

人が満足するか不満を抱くかは、現実と期待値の比較で決まる。現実が期待値より上であれば満足し、イコールであれば納得し、下であれば不満を抱く。現実は現実で変わらないので、満足を得るためには、期待値を下げる以外にない。

肝臓がんを見落とされた同級生は、医者に質問してもすぐ専門外のことはわからないと言われるし、病気が変わるたびに院内をたらいまわしにされるともこぼしていた。

今の医者は覚えなければならない知識、会得しなければならない技術、果たさなければならない義務や手続きが、私の時代に比べて桁ちがいに増えている。医療は細分化され、専門性も高まる一方なので、ひとりの医者がカバーできる範囲はごくかぎられたものになる。だから、何を聞いても答えられる医者などあり得ないし、病気が変われば専門の科にまわされるのは致し方ない。

医学部は狭き門で、子どものころから勉強漬けになってストレスが溜《た》まり、受験競争に勝ち抜くため、遊びや楽しみを犠牲にして、ようやく医師免許を手にしている。医者になってからも、インフォームド・コンセントだ、患者の権利だ、医療安全、医療倫理だと、配慮すべき対応が増え、最新のガイドラインもマスターしなければならず、目のまわるような忙しさだ。そんな過酷な努力と激務を求められてきた人間に、優しさとか、寛容とか、心の余裕など期待するほうがどうかしている。

だから、よい医者に当たりたいなら、思い切り期待値を下げておくのがいい。医者は短気で高慢で、患者の気持ちなど理解せず、思いやりに欠け、頑固で融通が利かず、偉そうで、人間味がなく、常に苛立《いらだ》って、人の話は聞かず、己の非は認めず、自分の専門以外のことにはまともに答えてくれない。

それくらいに思っておけば、ふつうの医者に当たっても、よい医者に当たったと思えるだろう。

なぜ静かに死なせてやらない

医者は死に関して、なかなかほんとうのことが言えない。

医者たるもの、命を救うのが使命であって、徒《あだ》やおろそかに死を肯定することなど許せないと、世間が思い込んでいるからだ。

しかし、人間はだれしも必ず死ぬ。だったら、よりよい死を選びたいとは思わないのか。

医療が死を防ごうとしすぎると、尊厳のない悲惨な延命治療になることは、すでに世間の側にも広まっている。意識もないまま、機械につながれ無理やり生かされている状態。それればかりか、全身がむくみ、口、鼻、胃や腸、場合によっては眼球や乳首からも出血し、肛門《こうもん》からはコールタールのような血便があふれ、黄疸《おうだん》で皮膚は黄色から黒褐色になり、まぶたはゴルフボールのように腫れ、唇は水没したナメクジのように膨れ上がり、足の指先はミイラ化して黒くなり、点滴で肺が水浸しになりながら、死ぬに死ねない状態になる。

そんなことにはなりたくないので、無駄な延命治療は不要と、生前から意思表示をする人も多い。

が、医者はもともと無駄な延命治療はしない。わずかでも助かる見込みがあるから、治療をする。それで助からなかった場合、悲惨な延命治療となるのである。

だから、ぜったいに悲惨な延命治療を受けたくないというのなら、助かる見込みがあっても病院に行ってはいけない。

わずかでも助かる見込みがあるのなら、病院で治療を受けたいというのなら、悲惨な延命治療になるリスクは容認しなければならない。

多くの人は、悲惨な延命治療はイヤだが、助かる見込みがあるなら治療してほしいと思っている。これは無理な注文で、治療はやってみなければ助かるかどうかわからない。やってみて助かりそうにないときは、悲惨な状態になる前に治療を中止すればとだれもが思うだろうが、法的に尊厳死が認められていない今、治療を中止して患者さんを死なせると、訴えられた場合、殺人罪で逮捕・起訴される危険性がある。

現に逮捕・起訴され、一審、二審、最高裁で殺人罪が確定した医者もいる。

問題はその場にいない〝遠くの親戚〟や、空想的な生命絶対尊重論者だ。現場にいれば、だれが見てもどこから見ても、死なせてやったほうがいいという状況が、厳然として存在する。

しかし、医者はそれを声高に言いにくい。死を肯定するようなことを言うと、すぐに生命軽視、敗北主義、使命放棄などと批判されるからだ。

超高齢者が家で意識を失っていたり、肺炎で苦しんでいたりしたとき、家族は慌てて救急車を呼ぶ。呼ばれた救急隊員は、深刻な顔で状況を聞き、移送先をさがすが、心の中ではこう思っている。

――なんで静かに死なせてやらないの。

もちろん、そんなことを口に出したら、家族は激怒するだろう。だからそれらしい顔で病院に運ぶ。

受け入れた医者は患者を診て、こう思う。

――なんで家で死なせてやらないの。

そんな思いを顔に出すと、これまた家族に激怒されるから、仕方なしに治療にかかる。治療をするためには検査がいる。死にかけている患者さんから採血し、気管チューブや導尿カテーテルを突っ込み、X線検査やCTスキャンなどで身体を調べる。そんなことをしても何の意味もないが、何もしないと、あとで家族に、「何もしてくれなかった」「あそこは患者を見捨てる病院だ」などと言われる危険性があるから、致し方なく無用な医療を行う。安らかに死にかけているのに、人生の最期にこんなつらい思いをさせられる患者さんこそいい迷惑だ。

生命の絶対尊重、親には1分1秒でも長生きしてほしい、医療に対する過度な期待など、死を受け入れる心づもりのない状況が生み出す悲劇である。

死に対して医療は無力

日本では1976年に病院で死ぬ人が半数を超え、自宅で亡くなる人との割合が逆転した。以後も病院死は増え続け、2005年には8割近い人が病院で亡くなっている。

なぜか。

多くの人が病院に行けば何とかしてくれる、何かいいことがある、素晴らしい医療が受けられると思うからだ。自宅で死ぬのは怖い、不安、十分な医療を受けられないという思いもあるだろう。

医療が発達しつつある時代は、そうだったかもしれない。しかし、私が大学を卒業した1980年代前半から、医療は発達しすぎて、尊厳のない形で死を引き延ばしてしまうようになった。いわゆる悲惨な延命治療である。

その事実は長らく世間から隠されていた。例の医者は死を肯定してはならないという世間の呪いのせいだ。しかし、さすがに身内を尊厳のない酷《むご》たらしい見るに堪えない状況で、死なせる家族が増えてきたことで、悲惨な延命治療の実態が明るみに出るようになった。

おかげで2005年以後は病院死の割合が徐々に減り、自宅や施設で亡くなる人の数が増えてきた。それでも2022年のデータでは、未《いま》だ64・5%の人が病院で亡くなっている（自宅死は17・4%、老人ホーム等での死は11・0% 厚労省の人口動態調査による）。

医者はだれでも知っているが、医療で死を止めることはできない。人間の身体がいったん死に向かいはじめたら、医療は無力なだけでなく有害になる。死にゆく人に、腕や脚に針を刺して、血を採ったり、点滴という水で血を薄めたり、尿道に管を突っ込んだり、冷たい台の上に乗せて放射線を浴びせたり、口をこじ開けて太い管を突っ込み、人工呼吸器につないで無理やり息をさせたり、場合によっては1200ボルトから2000ボルトもの高圧電流で胸にショックを与えたりする。

人生の最期の死ぬ間際に、そんなことをしてほしいと思う人はいるのだろうか。

しかし、それをしてやってほしいと求める家族は多い。意味も実態もわからずに、とにかくそれがベストを尽くすことだと思い込んでいるからだ。

これはもちろん家族が悪いのではない。家族にそんなふうに誤解させたまま、ほんとうのことを説明しない医療者の責任である。だが、なぜ医療者が説明しなかったのかというと、世間がそんなイヤなことを聞きたがらないからだ。

互いに責任をなすりつけあっても仕方がない。世間も医者も死を肯定し、虚心坦懐《きょしんたんかい》に事実を見つめることが、望ましい状況を作る。

死に対して医療が無力なら、最期を迎えるのは自宅が望ましいのは自明の理だ。住み慣れた場所で、慣れ親しんだものに囲まれ、無理に命を引き延ばされることもなく、自然で穏やかな最期を迎える。私は在宅医療に携わった13年間で、50人ほどの患者さんを看取った（さほど多くないのは、私が作家兼業でフル勤務をしていなかったから）が、いずれも悲しみの中にもある種の納得のある穏やかなものだった。

文明が発展すれば、過去にはできなかったことができるようになるのがふつうだ。医療が発展して、過去にはどの家でもできていた在宅での看取りが、できなくなるのはおかしい。自宅で死ぬのが怖い、不安というのは、誤った情報で洗脳されているからだ。今は在宅医療が充実しつつあるので、その医者にかかり、訪問看護を受けていれば、何の不安もなく家で死ねる。亡くなってから警察のお世話になる心配もない。

家では点滴や酸素マスクもできないと、不安がる人もいるかもしれないが、どちらも不要。点滴は血を薄め、心臓と腎臓に負担をかけるだけで、死に向かう人には一利もない。在宅医療の多くの医者は、高齢者は点滴も水分補給もせず、乾いて死ぬのがいちばん楽そうだと口をそろえる。酸素マスクも死ぬ前はイヤがる人が多い。それを無理やりつけようとする家族や医療者もいるが、つけて楽になるなら、本人がはずそうとはしない。

点滴も酸素マスクも、側《そば》にいる者がベストを尽くしている感を出すためだけの小道具にすぎない。

苦しんでいるのを見るに堪えないときは、在宅医に鎮静剤で意識を取ってもらうしかないが、これは先にも書いた通り、実質的には安楽死。意識がもどればまた苦しむので、強い鎮静剤で死を早めることになるのだから。

そういう場合でも少し我慢していれば、たいていほどなく息を引き取る。医療が発展する以前、どの家でもどの家族でも、みんな自宅で自然に亡くなっていたのだから、文明の発展した現代でも、できないはずがない。

できないとすれば、それは誤った幻想が阻んでいるということである。

医者が希望する死因

人がどんな原因で死ぬかは、自殺以外、自分では選べない。事故や事件、災害で命を落とす人もいるが、病気で死ぬとしたら、医者はどんな死因を希望するか。

現物が手元にないので詳しいことはわからないが、以前、週刊誌で医者がどんな病気で死ぬのを希望するかというアンケートがあり、3誌ほどが相次いで結果を発表したが、いずれも1位はがんだった。

意外と思われるかもしれないが、死に至る病気の実態を知る医者ががんを選ぶのは、私にはよくわかる。消去法による選択だからだ。

一般の人が希望しがちなのは、まずポックリ死だと思うが、これは決して楽ではない。トラックに轢《ひ》かれて即死するとか、頭上から鉄骨が落ちてきて即死というのであれば別だが、病気によるポックリ死は、ふつう心筋梗塞とか、くも膜下出血とかで、どちらも激烈な痛みを伴う。致死性の不整脈や脳卒中も耐えがたい苦悶があり、その数分（あるいはもう少し長く）を経てからでないと死ねない。その数分は、これで自分は死ぬのか、最期なのかと、リアルな死の恐怖を突きつけられ、やり残したこと、家族や職場への迷惑、心配、困惑を胸に、恥ずかしいこと、悔やむこと、みっともないことの始末もできず、未練と煩悶と悲嘆のうちに命を終えることになる。そんな事実を知れば、ポックリ死を希望する人はまずいないだろう。

次いで人気がありそうなのは老衰による死だろうが、たしかに95歳とか100歳とかまで生きると、ロウソクの火が消えるように静かに最期を迎える可能性は低くはない。そこだけ見れば望ましいように思えるが、老衰死の場合は、そこに至るまで十数年の長い不自由と不如意と不快の年月をすごさなければならない。体力も知力も感応力も衰え、楽しみも喜びもほとんどなく、外出どころか歩くこともできず、自分で風呂にも入れず、不眠、便秘、耳鳴り、頭痛、めまい、関節痛、床ずれ、排泄《はいせつ》介護、食事介護、更衣介護、清拭《せいしき》、陰部洗浄などを受けて、家族に経済的、時間的、肉体的、精神的負担をかけながら、死ぬに死ねない状態を経たあとで、ようやく最期を迎えるのが老衰死だ。これも実態を知れば御免こうむりたくなる死だろう。

ほかに、さまざまな難病やうつ病、認知症になって死ぬことを望む人もいないはずだ。となれば、残るはがんということになる。

がんは恐ろしいように思えるかもしれないが、ポックリ死に比べると苦痛も少ないし、何より死ぬまでに1年〜3年程度、元気にすごせる時間がある。その間にしたいことをし、行きたいところに行き、見たいものを見、食べたいものも食べることもできる。家族の安心のための備え、仕事の片付け、謝礼や謝罪（死を前提に謝れば、たいてい許してもらえるだろう）、恩返しなどもできる。死後に見つかったらまずいものや恥ずかしいものの処理もできる。

老衰死と比べても、無闇に生きすぎず、1年〜3年で確実に死ねるのもありがたい。私の父が前立腺がんになって「これで長生きをせんですみますな」と喜んだのも宜《むべ》なるかなである。

私自身は、何で死ぬことを希望するかと聞かれたら、「考えない」と答える。先に書いた通り、自殺以外は何で死ぬか選べないし、希望したところでその通りに死ねるとはかぎらない。だいたい世の中は思い通りにいかない。だから、何が起こってもあるがままを受け入れる。そこで考えることをやめるのが、もっとも効率がいいと思っている。

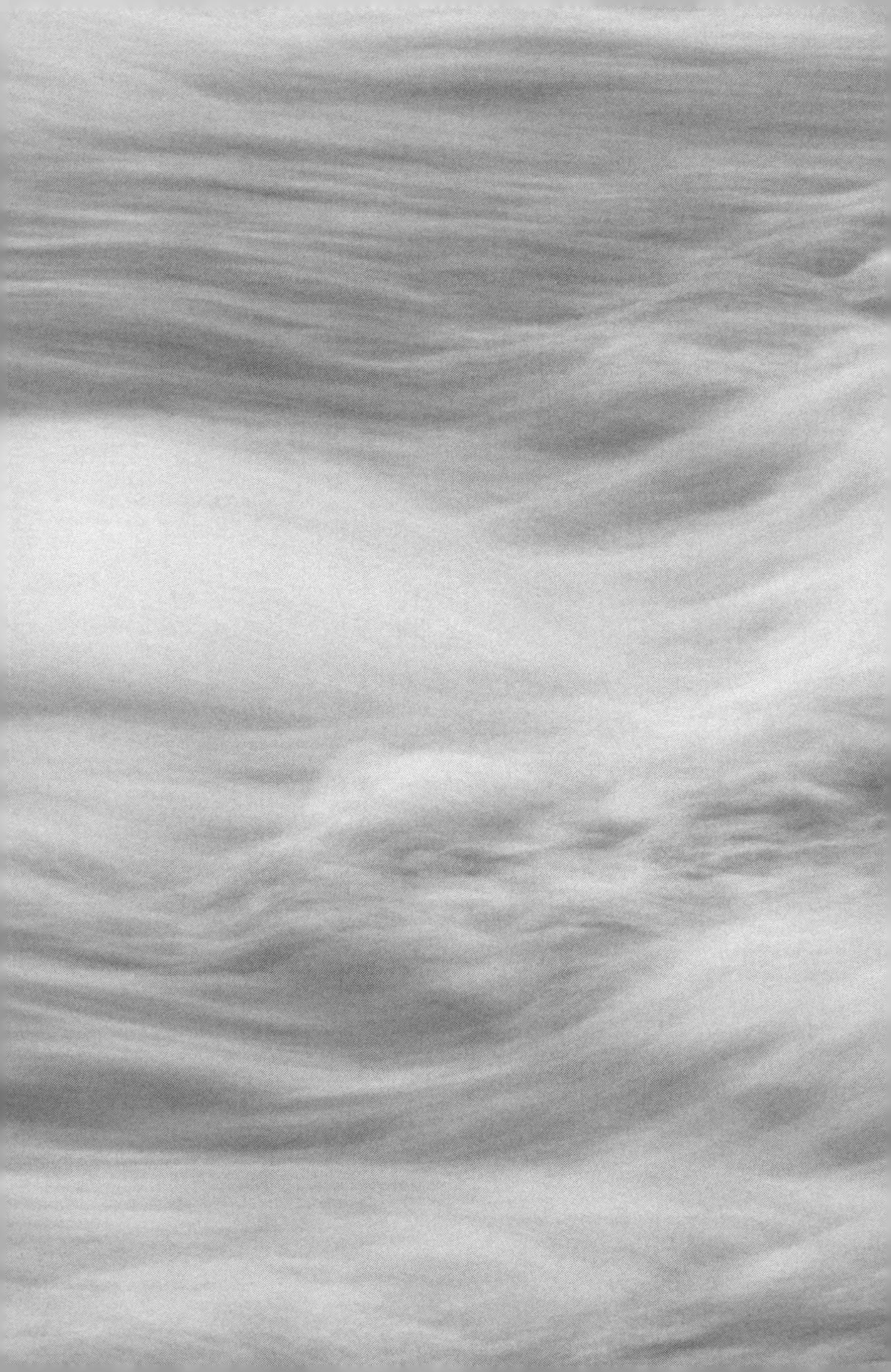

第三章

死を恐れない人々

死を恐れない人などいるのか

死が怖くて仕方ない人は、死を恐れない人などいるのかと疑問に思うだろう。まったく恐れない人がいたら、精神的に強いというより、頭のネジが3本くらい抜けているのではと思ってしまう。しかし、恐れの程度は人によってちがうだろうから、あまり死を恐れない人はいてもおかしくない。

先日、田舎でひとり暮らしの高齢者が、外国人らしい2人組の強盗に襲われたという事件が、テレビで報じられた。被害者の男性は、縛られたときのことを取材記者に聞かれて、「ああ、殺されるなと思った」と、ごくふつうの調子（「ああ、明日は雨だな」とでも言うような）で答えていた。

強盗に殺されかけたと感じたなら、もっと取り乱し、恐怖に声を震わせて、眼球も飛び出さんばかりに叫んでもおかしくないのに、この男性の答え方には、そういう緊迫感がまるでなかった。あたかも命を取られることも、財布を盗まれることも、同程度の被害と感じているかのように。

また、私の同級生の医者は、最近、子宮体がんになったが、診断を受けたとき、主治医にすぐ、「そしたら、どうすればいいですか」と聞いたという。子宮体がんは子宮頸《けい》がんより発見が遅れることが多く、当然、進行がんで見つかるケースも少なくない。彼女も医者だから、当然、わかっているはずだが、慌てたり、悩んだり、悔やんだりはしなかったそうだ。なぜがんになったのかとか、何が悪かったのかとか、なぜもう少し早く見つけられなかったのかなどとも思わない。思っても無駄だからだ。

幸い彼女のがんは早期で、手術で治療を終了したが、話から受ける印象では、死を恐れているようすはほとんど感じられなかった。

世の中にはあまり死を恐れない人がけっこういるのではないか。

コルベ神父の場合

歴史上の人物で死を恐れないと言えば、まず、アウシュビッツで身代わりの死を遂げたマキシミリアノ・コルベ神父が思い浮かぶ。

コルベ神父はユダヤ人ではないが、ポーランドでカトリック司祭として布教活動を行っているとき、ナチスに批判的という理由でゲシュタポに逮捕され、アウシュビッツ＝ビルケナウ強制収容所に送られた。そこで収容者の脱走事件が起こり、連帯責任で10人が餓死による死刑を言い渡された。そのうちの1人が、自分には妻子がいると泣き叫んだのを聞き、コルベ神父が身代わりになることを申し出た。収容所長のルドルフ・F・ヘスはこれを認め、コルベ神父がほかの9人とともに餓死室に閉じ込められ、亡くなったのである。受刑者の多くは飢えと渇きで錯乱状態になるが、神父は亡くなるまで毅然《きぜん》として、同房の受刑者を励まし続けたという。

いつ殺されるかわからない強制収容所にあって、せっかく死の宣告を免れたのに、自ら名乗り出て身代わりになる。もしも死を恐れる気持ちがあったなら、とてもできないことだろう。

コルベ神父は敬虔《けいけん》なカトリックの家に生まれ、子どものころには聖母マリアの幻影を見て、殉教者になることを受け入れたとか、聖母マリアから確実に天国に行けるという約束を得たと言われている。強い宗教的信念が死の恐怖に打ち克《か》って、この奇特な身代わり死が実行されたのだろう。

信仰心が死の恐怖を凌駕《りょうが》する例は、ほかにも一部のイスラム教徒が行う自爆テロがある。アッラーのための戦い＝ジハードで命を落とした者は、必ず天国に召されるとされるので、自ら命を捨てるのだろう。

日本の仏教（密教）でも、即身仏として、断食に近い形で死を迎え、自らミイラになる例がある。

大石内蔵助の場合

忠臣蔵の大石内蔵助《くらのすけ》は、討ち入りを果たしたあと、翌年の2月に切腹して亡くなっている。

討ち入りは成功してもしなくても切腹覚悟だったようで、現に討ち入りを画策する中で、死にたくない者は脱盟するよう促したとされている。討ち入りの最中に落命する危険性も十分にあり、討ち入りはどう転んでも命を落とすプロジェクトであったようだ。それでも実行したのは、主君の仇討《あだう》ちという強烈な大義名分があったからだろう。それが死の恐怖を打ち負かしたわけだ。

見事、討ち入りを成功させたあとの大石内蔵助の心境を、芥川龍之介が「或日の大石内蔵助」という短編に描写している。

幕府の沙汰を待つ間、細川譜代家の御預かりとなった大石は、泰然と膝を重ね、炭火のいこる火鉢に手をかざして、『安らかな満足の情が、今更のようにあふれ』てくるのを感じる。そして、『事業を完成した満足を味ったばかりでなく、道徳を体現した満足をも、同時に味う事が出来たのである。しかも、その満足は、復讐の目的から考えても、手段から考えても、良心の疚《やま》しさに曇らされる所は少しもない。彼として、これ以上の満足があり得ようか』という心境になり、討ち入り直後の切腹を覚悟していたので、『二度と、春に逢おうなどとは、夢にも存じませんでした』と言う同志に、『我々は、よくよく運のよいものと見えますな』と満足の笑みを浮かべる。

今にも切腹の沙汰が下るやもしれんのに、この悠揚たる心境は、まさに死を恐れる気分ゼロと言わねばならない。

ここに描かれた大石内蔵助は、大願成就で満足しきったことで死の恐怖を忘れているように見える（もちろん、ふだんから死についての覚悟はあっての上のことだろうが）。別に討ち入りのような大ごとでなくても、自分の人生に満足しきっていると、死の恐怖も後退するということなのだろう。

因《ちな》みに小説は、そんな大石が自分たちのせいで江戸にプチ討ち入りが流行《はや》ったり、脱盟した者が非難ごうごうで炎上したり、さらには自分が実際以上にもてはやされることに、苦い困惑を感じるという筋書きである。

切腹はありがたいのか

私は子どものころ、武士の切腹が理解できず、どういう心持ちになれば自分の腹を切って死ねるのか、不思議でならなかった。若くて、健康で、家族や将来もあるのに、名誉や主君のため、あるいは敗戦やその他不祥事の責任を取って、切腹する人の気が知れなかった。

医学を学んでからは、人間は腹部を切ったくらいでは簡単に死ねないと知ったので、介《かい》錯《しゃく》なしの切腹は、さぞかし苦悶と流血、内臓やその内容物の流出など、グロテスクと酷たらしさが満載の状況だろうと、想像するだけでも身の毛がよだった。

時代劇や時代小説では、「切腹を申し付ける」と言われたら、「ありがたき幸せ」と応じる場面があるが、ほんとうにそう思っているのか。当てつけに嫌味で言っているのではないかと疑った。切腹を命じられて、ありがたいわけはないのだから。

しかし、そう感じるのは現代の感覚で、実際に切腹が行われていた時代では、名誉を重んじる武士は、実際、ありがたいと感じる要素もあったのだろう。切腹より不名誉な死に方（打ち首や磔刑、逃げようとして後ろから斬られる等）に比べたら、はるかに好ましいという考えだ。

武士がいざというときに切腹できたのは、生き恥をさらすより、名誉ある死を選ぶべきだと、ある種、死を肯定する心づもりをふだんからしていたからにちがいない。『葉隠《はがくれ》』にある「武士道と云うは死ぬこととみつけたり」ということだ。

常に死を意識する生活で、恥や未練、惨めさ、いじましさなどを残して生きるより、名誉ある死を選ぶことを重視していると、死のチャンスが訪れたとき、「今だ」と思えたのかもしれない。

現代の日本では、死が隠され、忌み嫌われて、常に死を意識しない生活をしているので、そのときが来ても、生にしがみついて死に損ね、不如意で不自由で苦しく尊厳のない生を生きなければならなくなる危険性がある。

常に死を意識していると、そのときまでの生を大事にし、いざ死が巡ってきたら、抗《あらが》わずに自然体で上手に死ねるような気がする。少なくとも、死が迫ってきたとき、まさか自分が死ぬなんてと、慌てふためくことはないだろう。もし慌てふためくとすれば、死を意識する本気度が足りなかったということだ。

今は切腹させられることはまずないが、死が必ず訪れるのは往時と変わらない。であれば、心のどこかで常に死を意識しておくのも悪くはないはずだ。

自殺者の場合

自殺者も死を恐れない人々と言える。死の恐怖よりもっと苦しいこと、耐えがたいことに気持ちを奪われているから、自ら死を選び取れる。場合によっては、死がある種の救い、解放になっていることもあるだろう。

たとえば、ヒトラーはベルリン攻防戦ですぐそこまでソ連軍が迫ったとき、逆転勝利の見込みもなく、ドイツ全土を荒廃させた責任も問われるだろうし、自らが夢見た千年王国の幻想もついえ、あまつさえ惨めな敗戦を目前にして、敵またはパルチザンに捕まれば、ムッソリーニのように惨殺された上、遺体を逆さ吊りにされるかもしれないという状況に至ったとき、死は生き残るよりはるかに好ましい選択肢になったはずだ。

ナチスの理想が崩壊し、総統のいない世界に生きることを拒んで自殺したゲッペルス夫妻も、死の恐怖よりは生き残ることへの絶望のほうが強かったにちがいない。そうでなければ幼い6人の我が子を道連れにするわけがない。

1963年に南ベトナム（当時）で、仏教徒に対する弾圧に抗議するため、ガソリンをかぶって焼身自殺をした僧侶のティック・クアン・ドックは、炎に包まれながらも絶命するまで蓮華座《れんげざ》を崩さなかったことでも有名だが、この人の場合は、死の恐怖だけでなく、苦痛に対する恐怖も克服したとしか言いようがない。〝心頭滅却すれば火もまた涼し〟を実践してみせた形だが、僧侶の修行は生理的な感覚をも凌駕できるのかと驚くばかりだ。

太平洋戦争末期で、沖縄やサイパンで自ら死を選んだ軍人や民間人も、死の恐怖より米軍につかまることの恥辱や虐待を避けたい気持ちが強かったのだろう。その背景には戦時教育の徹底があり、洗脳は死の恐怖を麻痺《まひ》させることも可能ということを示している。

そういう特殊な状況でなくても、日本は国際的に自殺の多い国と見られている。死の恐怖が生きるつらさを上まわっている間は、自殺を決行するのはむずかしい。欧米に比べて日本に自殺者が多いのは、日本人の死の恐怖が軽いのか、生きづらさのほうが重いのか。

安楽死の場合

安楽死の場合も自殺する人と同じく、死の恐怖よりも生きることの苦しみのほうが強いと言える。

命より大事なものはないと言う人もいるが、もっと大事なことは「苦しまないでいること」ではないか。どうあがいても命が助からない状況で、耐えがたい肉体的苦痛に喘《あえ》いでいる人は、だれでも一刻も早く死なせてくれと思うだろう。

オランダの安楽死法では、肉体的苦痛だけでなく、精神的苦痛でも安楽死が認められている。たとえば、家族を次々と失って生きることに絶望した場合とか、ＰＴＳＤ（心的外傷後ストレス障害）で強い精神的苦痛がある場合などである。いずれも医療やその他の方法で解決不能な場合にかぎられる。

肉体的にせよ、精神的にせよ、人が耐えがたい苦痛に喘いでいるとき、その苦痛を解決せずに、「命を大切に」などと言うのは、果たして人道的だろうか。それは単にその苦痛を味わっていない人が、苦痛の最中にある人に、「我慢して生きろ」と言っているのに等しい気がする。

今、日本でよく言われる安楽死の4要件は、きわめて恣意的かつ無意味だと言わざるを得ない。

第1の「患者が耐えがたい肉体的苦痛に苦しんでいること」は、何を以て耐えがたいというのか。自己申告であればすぐに満たせるが、客観的にはどんな場合でも耐えがたいとも言えるし、まだ耐えられるとも言い得る。

第2の「患者の死が避けられず、その死期が迫っていること」は、治療によって死が避けられるかどうかはやってみなければわからず、もしほんとうに死が迫っているなら、わざわざ安楽死をさせる必要もない。苦しむ時間が残っているから、安楽死が必要なのだ。

第3の「患者の肉体的苦痛を除去・緩和するための方法を尽くし、ほかに代替手段がないこと」も、安楽死を求める側は、方法を尽くし代替手段はないと主張できるし、反対者は、まだ尽くしていないし代替手段もあると主張できる。いずれも確定することはできない。

第4の「生命の短縮を承諾する患者の明示的な意思表示があること」も、明示的と言うなら、書面に自著または捺印《なついん》を要するが、安楽死が必要なほど苦しんでいる患者に、そんなものを求められるわけがない。「安楽死を希望するか」という問いかけにうなずいたら、安楽死の賛成者は明示的意思表示と言うし、反対者は明示的とは認められないと言うだろう。

安楽死に賛成の人と反対の人がいるのは、それぞれが自分の主張を曲げないからだ。賛成の人は、だれが見てもどこから見ても助かる見込みもなく、ただ激烈な苦しみの時間だけが続く患者がいるのだから、安楽死を認めるべきだと言い、反対の人は、安楽死が合法化されれば、望まない安楽死、社会的圧力としての安楽死（介護負担への遠慮や、安楽死の美化によるプレッシャーなど）、不正な安楽死（人間関係や経済問題がからむ場合）、安易な安楽死（医療者が早々に安楽死に傾く）などが起こり得るからだと言う。

私は当直のアルバイトに行っていた病院で、21歳の肛門がんの男性が、局所浸潤で会陰部に大きな穴が開き、がんが全身に転移しながら、心臓や肺が健康なため、耐えがたい苦痛に苛まれ、医療麻薬も効かないという状況に直面した。意識をなくさせる以外に苦痛を免れる方法はないので、ケタラールという麻酔薬を点滴に入れることにした。ケタラールには呼吸抑制の副作用があるので、点滴を早めすぎると呼吸が止まる。点滴が遅いと意識が消えない。その微妙な速度で点滴を調整して、呼吸は残しつつ意識をなくさせるようにした。

いったん病室を出て、今一度、確認に行くと、点滴の速度が速まって呼吸が止まりかけていた。病室に付き添っていた父親が、点滴を速めたのだった。私は慌ててもとにもどし、父親に「二度と点滴を触らないでください」と、きつくお願いした。そのときの父親の気持ちを思うと、今も切なさが込み上げる。

そんな体験をしているので、私は選択肢としての安楽死は認めるべきだと思っている。安楽死法のない日本は、見えない〝安楽死禁止法〟が布《し》かれているのも同然である。

高齢者の死にたい願望

私が勤めたデイサービスを併設したクリニックでは、先に書いた不整脈発作から回復して、「死ねませんでしたか」と落胆した高齢女性以外にも、似たようなセリフを何度か耳にした。

腎機能が低下していた高齢男性に、血液検査をしたら悪化していなかったので、「前と変わっていませんよ。よかったですね」と明るく言うと、「そうですか。ほんならまだ死ねませんな」と暗い顔で返された。

「そんなこと、言わないで」と宥めると、「こんな年寄り、生きとっても仕方ないですよ。人に迷惑をかけるばっかりで」と、さも悔しそうに言った。

私は「介護は迷惑ではありませんよ。年を取って身体が弱るのはだれでもですし、みんな順番なんですから」と、何とか慰めようとしたが、男性は黙ったまま表情を変えなかった。その沈黙は、アンタは老いの苦しみをまったくわかっていないと言っているようだった。

デイサービスの参加者と話していると、「先生。ポックリ死ねる薬はおませんか」とか、「寝てる間に死ねる薬はありませんか」とか言われることがあった。冗談なら笑えるが、口調が深刻なので、困惑してしまう。

昼食後の茶飲み話でも、次のような会話がふつうに交わされる。

「トラックにはねられて、一瞬で死ねたらどんなにええやろ」

「朝、起きて目が開いたら、また今日も一日生きなあかんと思うとがっかりや」

「毎朝、仏壇に線香をあげて、お父さん、早《はよ》う迎えに来てと頼んでるのに、ぜんぜん来てくれへん」

そう言いながら、食後の薬はきっちりのんでいるから、どこまで本気なのかは人によるようだ。

「生きていても、いいことなんかひとつもない」と言いながら、「曾孫の顔を見たら腰の痛いのも忘れます」と、目を細める人もいた。

胸のX線検査で影があった高齢女性に、精密検査を勧めたあと、肺がんの不安を取り除くため、「それほど心配ないですから」と付け加えると、「別に心配しません。いつ死んでもいいですから」と平然と答えた。死の恐怖はまったく感じていないようだったので、「でも、がんの可能性もゼロではありませんよ。もしも肺がんだったらどうします」と聞いたら、「どうもしません」と答えたきり、背筋を伸ばして何も言わなかった。その超然とした目は、覚悟はできています、多少の苦しみも受け入れますと語っているようだった。

そうかと思えば、死が怖くて仕方がない高齢者もいた。少しの不調も死病の前兆ではないかと恐れ、盛んに診察を希望し、意味もなく注射や点滴を求めた。気にしすぎによる症状も多く、胸が苦しい、押さえつけられるよう、のどがおかしい、頭がクラクラする、下腹で変な音がする、寝ている間に息が止まりそうになるなど、あれこれ検査をして、異常がないと説明しても納得せず、あの手この手と症状を訴えてくる。死の恐怖だけでなく、寝たきりの心配、介護の心配、下の世話の心配、認知症の心配、うつ病の心配と、その心配のせいでうつ病になるのではと思えるほどだった。

また、死の恐怖云々《うんぬん》以前に、自分は死なないと信じ込んでいるような高齢者もいた。

「この世に生まれたからには、１００まで元気でいようと思います」

その楽観主義をみんなに分けてあげたいくらいだった。

死に対する心理的な距離感

人間も生物であるかぎり、本能的に死を避けようとする衝動が備わっているはずだ。その衝動がもとになって、死なないための知識を身につけ、死ぬ危険を察知し、それに近寄らないようにしている。

だれしも死を忌避する気持ちがあるように思えるが、その忌避する思いの強さはだれしも同じではないように思える。

たとえば、イジメを苦にして自殺する子どもでも、そのイジメの程度が自殺する子どもほどひどいとはかぎらない。過酷なイジメを受けても自殺しない子どももいれば、さほどではないイジメで自ら命を絶つ子どももいる。であれば、イジメだけが自殺の原因とするわけにはいかない可能性がある。自殺する子どもは、もともと死に対する忌避感が弱く、だからこそ、さほどでもないイジメで死を選んでしまうのではないか。

中高生の自殺で、新聞に「特に思い当たる理由はないという」などという記事が出たりする。新聞記事が額面通り受け取れるものではないにしろ、周囲がその自殺に戸惑うケースは少なくないだろう。

大人でも首を傾げたくなるような自殺がある。詳しい事情がわからないので、軽々しく判断できないが、それくらいのことでどうして？　と思わざるを得ない事例が、最近でもいくつかある。原因がはっきりしない自殺、ふつうでは考えにくい状況での自殺（順風満帆だったり、最愛の家族がいたりするのに）、まるでふらっと旅に出るかのような自殺。

そういう自殺をする人は、やはり死に対する忌避感が弱いような気がする。

先にも書いた久坂葉子は、女学生時代から死への憧れを級友への手紙に書き記し、何度も死を小説のテーマにし、実際、10代半ばから自殺未遂を四度も繰り返して、21歳で完遂している。死を忌避するどころか、死に惹《ひ》かれる衝動を抱えていたとしか思えない一生だった。

彼女と同い年の作家、曾野綾子氏は、『久坂葉子作品集 女』（六興出版、1978年）の帯に次のように書いている。

『太宰にしてもこの久坂氏にしても、本質的にあるいは生理的に生きることの辛いという人がいて、それはその人の心がけでなおるというようなものではまったくない』

　これを読んだとき、私はふと思い当たることがあった。

　外科医として多くのがん患者さんを看取っていたとき、死を忌避する思いの強さが、患者さんによって一定でなかったことだ。死を恐れ、忌み嫌う気持ちの強い人もいれば、さほど死を拒絶せず、比較的泰然と最期を迎える人もいた。それは年齢や家族関係にかかわらず、その人の持って生まれた資質のように思えた。

　つまり、死に対する心理的距離感が、人によって異なるということだ。距離感の遠い人ほど死を怖がり、近い人ほど死を恐れないような気がする。何によってそれが決まるのかはわからない。

自殺をうつ病のせいにする欺瞞

だれかが自殺すると、うつ病だったらしいという話をよく聞く。

しかし、ほんとうにそうなのか。

身近に自殺者が出ると、当然、なぜ？　という疑問が生じる。もしかして、自分の言ったことが原因ではないか、あるいは自分のしたことのせいなのか。心当たりのある人は不安になる。

そんなとき、うつ病だったと聞くと安心する。自分のせいではなかったと思えるからだ。自殺者をうつ病だったと判定することは、周囲の人間の免罪符になる。だから、自殺者イコールうつ病だったという図式が、実際以上にまかり通っている。だが、自殺した人でうつ病の診断を受けていた人は、どれくらいいるのか。

もし、診断を受けていたにもかかわらず、自殺したのなら、それは治療の失敗と言わざるを得ない。うつ病の治療はうつ的な気分の改善だけでなく、うつ病による希死念慮の改善が大きな目標でもあるのだから。

人はわからないことがあると、それを恐れ、落ち着かない気分になる。よくわからない理由で人が自殺すると、周囲は不穏になる。しかし、うつ病のせいだと言われると、答えがわかった気になって落ち着く。自殺者イコールうつ病とするのは、周囲を納得させるための方便ではないか。もちろんそれは欺瞞《ぎまん》である。

私はこの構図に疑問を感じる。人が自殺するのは、先に述べた死に対する心理的な距離感の影響のほうが大きいのではないかと思うからだ。

死に対する心理的な距離感の近い人は、死を恐れないし、ほかの人では考えられないようなきっかけで死に引き寄せられる。また、命の危険がある病気になっても、さほど恐れず受け入れる。

好ましい状況とは言えないかもしれないが、死が怖くてたまらない人には、ある種、うらやましい心性かもしれない。

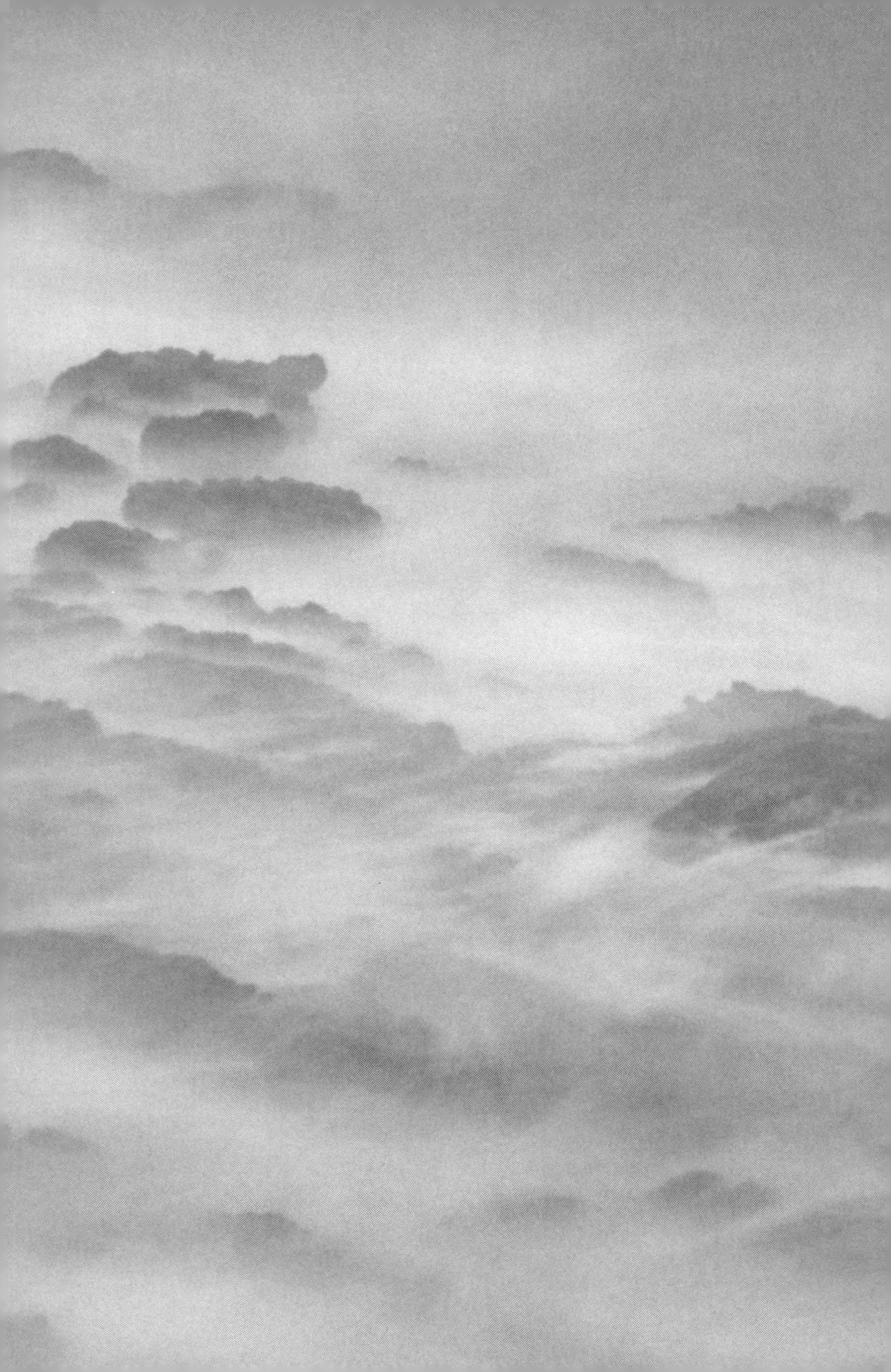

第四章

死を全否定する人々

死を全否定することの功罪

「はじめに」でも書いたが、何事にもいい面と悪い面がある。だから当然、死に関するあらゆることを否定する「死の全否定」にも、いい面と悪い面がある。

死を全否定することのいい面は、何より安心感が得られることだろう。

人は常に安心して暮らしたい。安心でなければ、人生を楽しむことも、役割を果たすことも、自分を高めることも、努力をすることもできない。

安心のいちばんの大敵は死だろう。死の危険がそこここにあれば、とても安心してはいられない。死を全否定すると、そのことを忘れていられる。あたかも死が存在しないか、自分とは無関係のものと感じられる。これは死を全否定することの大きなメリットだろう。

しかし、その安心は頼りになるのか。

そこで思い出すのが、パスカルの有名な警句だ。

『われわれは絶壁が見えないようにするために、何か目をさえぎるものを前方においた後、安心して絶壁のほうへ走っているのである』

この場合、「絶壁」は死のことであり、「目をさえぎるもの」が死の全否定にあたる。いくら否定しても、死は厳然として存在し、しかも、日一日とわれわれに迫ってくる。目を遮っている場合ではないのである。

死を全否定することの悪い面は、死への備えがおろそかになることだ。死の全否定は、すなわち死を認めないことだから、備えをする動機を得にくい。

私はかつてウィーンの日本大使館に勤務していたとき、日本からIAEA（国際原子力機関）に出張してきた科学技術庁（当時）の官僚から、「日本では原子力発電の事故に対する備えをしていないんです」と聞いて驚いたことがある（１９９０年代の話）。当時、日本では原子力発電所建設に反対する勢力を抑えるため、原発はぜったいに安全と主張していたため、事故は起こらないことが前提で、「事故に備えることは論理矛盾となるため、備えはできないのです」と話していた。

死を全否定して安心していると、似たようなことになるのではないか。

死を全否定する報道

日本のメディアは滅多なことでは現実の死体を映し出さない。地震や津波、川の氾濫などの災害で、多数の死者が出ても、瓦礫《がれき》や地崩れは映しても、遺体はぜったいと言っていいほど見せない。

これは茶の間でメディアに触れる人に、不快感や恐怖を与えないためで、一定、必要な配慮と言える。映像を見せないだけでなく、言葉でも触れようとしない。遺体がどこでどのような状態で見つかったか、遺体の状態がどうだったかも報道しない。それはもともと知りたいと思う人が少ないからだろうが、現実にはさまざまな場所で、さまざまな状態で見つかっているし、犯罪の被害者などは、何が致命傷になったのかくらいは知りたい人もいるだろう。

海外のメディアは日本に比べて、遺体に対する自主規制が薄いように感じられる。ロシアによるウクライナ侵攻や、イスラエルによるガザ攻撃のニュース映像で、死体が映っていると思《おぼ》しき海外発の映像が日本でも放映されるが、その部分にはボカシがかけられている。戦争の悲惨や現実に彼《か》の地の住民が受けている被害を伝えるためにも、あまり酷たらしくないのなら、映してもいいのではないか。

しかし、それを見た視聴者が気分が悪くなるとか、ショックを受けた、子どもが泣き出した、思い出したら夜も眠れなくなった等のクレームが来る危険性があるので、自主規制をせざるを得ないのだろう。

しかし、そのせいで死や死体に対する感性は鈍麻し、いつかは必ず迎える自分の死を下手なもの、苦しいもの、悔いの残るものにする危険性が高まっている。

かつて、家族が家で最期を迎えていたときは、死は生活の一部で、自然なもの、いつかは必ず訪れるものという意識が育っていた。そのおかげで、人生が有限であるとか、死が迫っていない今が大事ということなどが実感しやすかった。

報道が死を全否定するせいで、多くの人が死をほんわかとしたイメージでしか捉えなくなっている。人が必ず死ぬことはわかっているが、今、死ぬわけではないと思っている人は、人は死なないと思っているのとほぼ同じ感覚と言える。だから油断し、死以外の些細《ささい》なことにこだわり、感謝の気持ちを忘れて、貴重な今を無駄にしている。

死を全否定したくなる心理

先日、63人の死者・行方不明者を出した御嶽山《おんたけさん》の噴火から10年ということで、当時、山頂付近にいた登山者がテレビでそのときのようすを語っていた。

山頂にある神社の石段の陰で、リュックを頭の上に載せて、飛来する噴石から身を守っていたという。そして、目を閉じて「死なない、死なない」と唱えていたらしい。これも一種の死の全否定だろう。いくらそう唱えても死を免れるわけではないが、不安に駆られて危険な場所に飛び出したりするのを抑える効果はあっただろう。

自分は死なないという思いに根拠はなく、どちらかというと、自分は死ぬかもしれないと思うほうが事実に近いが、そう思うことは何の効果もなく、むしろ恐怖心を増して危険性を高める。

がんの患者さんの中には、自分はぜったいに死なないと信じ込んでいたり、そう自分に言い聞かせていたりする人がいる。そう思うことで、自分を支えているのだろう。

事実は死ぬ可能性もあるし、助かる可能性もあるということだが、死ぬかもと思った瞬間、不吉な予感がして、死ぬシナリオのほうに進んでしまうのではと思うのが怖いのかもしれない。

死ぬかもしれないという思いは縁起でもないし、ぜったいに助かると死を全否定しているほうが、精神衛生上好ましい。すなわち、死の全否定には精神面で自分を支えるという意味合いがあるということだ。

それはそのような支えが必要な人の話で、精神的に強い人は、事実を客観的に受け入れることができる。がんの治療でも事故でも災害でも、死ぬかもしれないし、死なないかもしれないのがほんとうのところだが、心の弱い人はその事実に耐えられない。だから、ぜったいに死なないと自分に言い聞かせて、恐怖を紛らせる。

事実を否定しようが受け入れようが、現実は変わらないので、死の全否定による安心は、恐怖の先送りをしているだけということになる。

私自身、孫が川崎病になって長期入院をしたときには、きっと治ると自分に言い聞かせたが、一方でどうなるかはわからないとも思っていた。もしかしたら、後遺症で冠動脈に動脈瘤《どうみゃくりゅう》ができて、川崎病の最悪のシナリオである動脈瘤破裂による突然死になる可能性もゼロではないと思った瞬間、強い不安と恐怖を感じた。

頭から死を全否定して安心するのも考えものだが、ことさら最悪の事態を想像して、自ら不安と恐怖を引き起こすのも余計なことだと身に染みた。

運を天に任す。なるようになる。そう思ってあとは考えない。それが精神衛生上、いいのかもしれない。

ALS嘱託殺人に思う

2024年3月に京都地裁で、ALS嘱託殺人の被告の医師に、懲役18年の判決が下された。

事件は2019年11月に京都で起こった。全身の筋肉が萎縮し、最後は眼球とまぶたしか動かせなくなる難病、ALS（筋萎縮性側索硬化症）の女性患者さん（当時51歳）から、SNSを通じて安楽死の要請を受けた医師が、女性に薬物を投与して死亡させたのである。

日本では安楽死が違法であること、SNSで依頼を受けたこと、主治医でもなく、前もって診察もしなかったこと、報酬を受け取っていたことなどが問題とされた。

その一方で、女性はSNSで医師と安楽死の打ち合わせをし、『先生だけが救いであり希望です』などのメッセージも送っていた。

世間の反応としては、一部に被告医師の行為を擁護する声もあったが、「命を救うことが使命の医師が、命を奪うなんて許せない」「医療を悪用した殺人」「命を軽視するのは言語道断」などの批判が多かった。裁判を傍聴したALSの患者さんの中には、「何より大切な命を軽んじた行為だと示してほしい」と訴えた人もいた。女性患者さんの生活介護をしていたヘルパーは、テレビ番組でインタビューに答えて、「生きていてほしかった」とつぶやいた。いずれも死を全否定する側の意見で、賛同する人も多いだろう。

私自身、在宅訪問診療でALSを患う女性を担当し、症状が悪化する中で、「もうこれ以上苦しみたくないから、あれをお願いします」と言われたことがある。「あれ」が安楽死を意味するのは明らかだった。

「軽い気持ちで言うてるのとちがう。自分ででけへんから頼んでるの」

かすれる声でそう言いながら、苦労しながら左手の手首を上に向けると、動脈を切ろうとしたらしい傷痕が二本あった。

私は困って、「今はそれはできないんです」と伝えると、ため息をつき、「先生なら、やってくれると思うたのに」と言われ、もう何とも応えようがなかった。そのときの患者さんの苦しみは見るに堪えないもので、本人とご主人に「命を縮める危険性もありますが」と説明した上で、強い鎮静剤を投与して意識を取る薬を連続投与した。

京都の事件で安楽死を実行した医師を責め、患者さんに生きていてほしかったと言う人たちは、患者さん本人の苦しみをどれほどわかっているのか。その苦痛を取り去った上で、生きていてほしいと願うならまっとうだが、それをせずに単に生きていてと願うのは、先に述べた通り「我慢して生きろ」と言っているに等しく、思いやりがあるとは思えない。

裁判を傍聴した同じＡＬＳの患者さんは、医師の行為に対し、「医療の知識を用いた殺人にほかならない」と憤りをあらわにしたと新聞の記事にはあり、「だからこそ、死にたいと思う原因を取り除く方法を社会に考えてもらいたい」と訴えたとあった。しかし、そんなことができるのか。それが十分にできないから、女性は苦しみ、死を望んだのではないか。

自分が死にたくないから、ほかの患者さんにも死ぬなと言うのは、ある意味、意見の押しつけだ。苦しみながらも頑張って生きている人は立派だが、自分が頑張っているから、他人にも頑張れと言えるのだろうか。それは個人を尊重する考えと相反するように思える。

女性患者さんの父親は、娘を安楽死させた医者を「人でなし」と批判していた。その気持ちは当然かもしれないが、もしも亡くなった女性患者さんがあの世から交信できたら、こう言うのではないか。

――お父さん、そんなふうに言わないで。わたしは先生のおかげで苦しみから逃れられたのだから。

もしも自分だったら

ＡＬＳの患者さんを受け持って、その苦しみを知り、安楽死を求められた経験もある私は、今回の事件の被告医師を一概に批判する気になれないが、一方で、自分がＡＬＳを患ったらどうかと考えると、また心は乱れる。

ＡＬＳは徐々に進行し、治療法はなく、発症から3〜4年で呼吸筋が麻痺して呼吸不全になる病気だ。その時点で人工呼吸器をつけると、死は免れるが、今度は身動きもできないまま、寝返りどころかうなずくこともできなくなって、深呼吸もため息をつくことさえできなくなる。胃ろうから流動食を摂《と》り、無言無動で、排泄の介護、全身の清拭、洗髪、口腔《こうくう》ケア、喀痰《かくたん》吸引、陰部洗浄、体位変換、爪切りから耳垢《みみあか》掃除までを、ずっと受け続けなければならない。意思表示もほとんどできず、いつ果てるともつかない時間をじっとすごさなければならなくなる。

そんな状況を嫌って、人工呼吸器をつけずに死を受け入れる人もいる。私が担当した女性も、人工呼吸器はつけずに死を迎えた。しかし、それならあと3、4年で死を迎えることになる。助かる方法があるのに、死を受け入れるのはかなりつらい。

かと言って、人工呼吸器をつけてしまうと、自然な死が訪れるまではずすことはできない。どれほどつらく、悩ましく、自分を責めても悔いても、死は許されない。それなら人工呼吸器をつけずに、自然な死を受け入れるほうがいいのではとも思うが、命を延ばす方法があるのにと思うと、また気持ちが揺らぐ。

この堂々巡りは、今までALSに罹患《りかん》することをリアルに考えることがなかったせいだろう。そんな恐ろしいことは考えたくない気持ちと、可能性としてはゼロではないのだから、しっかり考えておいたほうがいいという気持ちが、私の中でせめぎ合う。

そんなとき思うのは、いったん人工呼吸器をつけて、取りあえず死を避けて、そのあと、ほんとうにつらくなったら人工呼吸器をはずしてもらうという選択肢だ。

それが今の日本ではできない。安楽死が合法化されていないからだ。偶然はずれたように装っても、だれかが過失死の責任を問われる。本人はまったく動けないのだから。

人工呼吸器をつけずに死を受け入れる患者さんは潔いが、そこまで決断できず、人工呼吸器をつけたことを悔やむ患者さんもいるはずだ。人工呼吸器をつけて、生きながらえてよかったと思う患者さんもいるだろう。そういう患者さんは生きればいい。ただ、そうでない患者さんには、自ら死を選べる道も必要ではないか。

それこそが「個」の尊重につながることに、異論はないはずだ。

脳死を受け入れない人々

死を全否定する人は、脳死が人の死であることもなかなか受け入れにくいだろう。

脳死とは、「脳幹を含む全脳死」のことで、「脳幹」とは大脳と脊髄の間にあり、呼吸と循環をコントロールする部位である。いわば生命維持の中心で、ここが死ぬと呼吸も心拍も止まるので人は死ぬ。

脳死と混同されがちなものに「植物状態」があるが、これは大脳が死んでいるので意識はないが、脳幹が生きているので、呼吸も心拍も維持される。水と栄養を与えれば生き続けるので、植物と同じという意味でそう呼ばれる（かつては「植物人間」と言われたが、これは言われた側を傷つける表現として、今は不適切とされる）。

脳幹が死んでも、早い時期に人工呼吸器をつけると、しばらく心臓は動き続ける。この状態で心臓を取り出すと、心臓移植が可能になる。

心臓移植では、生きた人から心臓を取り出すと、殺人になるから取り出せない。死んだ人から取り出すと、移植しても心臓が動かない。だから、死んだ人から生きた心臓を取り出すことが必要になる。だれが考えても無理なこの注文を実現するために、考え出されたのが、脳死である。

患者さんが脳死かどうかを決めるのには、次の6項目の脳死判定を行う必要がある。

・深昏睡。
・自発呼吸の消失。
・平坦脳波。

・瞳孔の固定と散大。
・脳幹反射の消失。
・以上の検査を6時間以上経過してから繰り返す（6歳未満は24時間以上）。

脳死はほとんどが突然に起こる。くも膜下出血や脳内出血、交通事故、転落、殴打などによる頭部外傷、溺水、自殺未遂などが原因だからだ。しばらく前から脳死になりそうだとわかっていれば、心の準備もできるが、その余裕はたいていない。

脳死になった患者さんは、身体は温かいし、心臓は動いているし、人工呼吸器が取りつけられているが、呼吸のたびに胸が上下する。汗をかいている場合もあるし、鳥肌が立つこともある。手を握ればやわらかく、ぬくもりも感じられる。

そんな状態の患者さんを、もう死んでいると思えるだろうか。

あまつさえ、臓器を取り出すときには、全身麻酔をかけるのだ。死んでいる人間になぜ麻酔が必要なのか。

さらには、「ラザロ徴候」と言って、無呼吸テストのときに、苦しげに両手を持ち上げることもある（ラザロは聖書にあるキリストの奇跡で、死後3日目によみがえった青年の名前）。

手が動くのに死んでいるとはとうてい信じられないと思うかもしれないが、これは脊髄反射のなせる業で、脳幹が死んでいても脊髄が生きていると起こり得る。脳死の患者さんに全身麻酔をかけるのも、脊髄反射による体動や筋硬直を避けるためだ。

そのような説明を聞いても、ふだんから脳死のことなど考えたこともない人は、すぐには納得できないにちがいない。たった6時間空けて再検査しただけで脳死だなんて決めつけないで、もっと治療を続けてほしい、治療に最善を尽くしてほしいと思うのが人情だろう。

脳死と移植のダブルスタンダード

脳死状態の患者さんに、家族が治療の継続を望んだ場合、病院側は治療を続けてくれる。しかし、脳死の場合は遅かれ早かれ、心臓が停止する。そうなると心臓移植のための臓器提供はできなくなる。

たとえば、あなたの子どもか孫、あるいは配偶者が、交通事故に遭って頭部を激しく打ったり、川や海で溺れたりして、心肺停止の状態で病院に運ばれたとする。人工呼吸をしたら心臓が動きだしたけれど、6時間後の再検査で脳死と判定されたとき、臓器を提供してもらえないかと言われて、受け入れられるだろうか。

昨日まで、いや今朝まで元気でいたのに、まだ身体も温かいし、心臓も動いていて、脈も触れるし、血圧だって測れるのに、大切な身内をもう死んでいると思えるのか。脳死判定などどうでもいいから、できるかぎりの治療を施してくれと願うのではないか。当然、臓器提供などには応じられない。

その気持ちはわかるが、立場を変えて考えるとどうだろう。

あなた自身や大切な身内が、急にしんどさを訴えるようになって、病院で検査を受けると、「拡張型心筋症」と診断される。このままだと症状は悪化し、余命は半年前後と言われる。治療法は心臓移植のみ。心臓移植さえ受ければ、天寿をまっとうできる。

そう言われたとき、あなたは是が非でも自分や身内に心臓移植をしてほしいと思うだろう。

そのとき、どこかの病院で患者さんが脳死になって、たまたま心臓のサイズや血液型が適合したらどうか。患者さんの家族が治療の継続を望んでいたら、もう脳死で助からないのだから、申し訳ないけれどあきらめて、臓器の提供を承諾してほしいと願わないか。

これがダブルスタンダードだということは、説明するまでもないだろう。自分や自分の身内が脳死になったときには、心臓が止まるまで治療を続けてほしい、自分や自分の身内に心臓移植が必要になったときには、脳死の人から心臓を提供してほしいというのだから。

これは子どもの発想である。成熟した大人なら次のどちらかを選ぶ。

A：脳死のときには心臓が止まるまで治療を求める代わりに、移植が必要になっても受けない。

B：移植が必要なときには受ける代わりに、脳死になったら臓器を提供する。

困難な選択と思う人も多いだろうが、実はさほどむずかしくはない。脳死、すなわち脳幹が死ねば、呼吸も心拍も維持できないので、人工呼吸器で呼吸を補っても心臓はいずれ止まる。その医学的な事実を理解していれば、選択肢はB1本しかあり得ないということになる。

正しい知識と理性で感情を抑えることが、無用な迷いや煩悶、悔いで己を苦しませることを免れさせてくれる。

「人生会議」のポスターへの反発

少し前になるが、２０１９年に厚労省が出した「人生会議」のポスターが、大きな批判を呼んで1日で発送中止に追い込まれる騒ぎがあった。

「人生会議」とは、ＡＣＰ（Advance Care Planning）。すなわち、最期に向けてどのような医療を受けるかを決めておくことで、ポスターは吉本興業所属のタレント、小籔千豊《こやぶかずとよ》氏が終末期の患者に扮《ふん》し、酸素吸入器をつけられ、自分の思いを家族に伝えないまま最期を迎えるのを悔やむという設定になっている。その悲惨な表情や、心電図がフラットになって死を暗示するような絵柄に、「不安をあおる」「遺族を傷つける」「がんイコール死を連想させる」などの批判が巻き起こり、厚労省が各自治体への送付を中止した。

ポスターには直接がんに関わる表現はないが、全国がん患者団体連合会や、卵巣がんの患者会、胃がんの患者会などから批判の声があがったのは、がんの患者さんが死を思わせる絵柄や言葉に、ことさら過敏になっていることを表している。

小籔氏の苦しそうな表情から、「人生会議というより死に方会議」という批判もあったようだが、ＡＣＰはまさに「死に方会議」であって、それを批判的に言うのは、やはり死を全否定する心理的な背景があってこそだと思える。

死の不安に怯える患者さんをことさら恐れさせるようなことは好ましくないが、かと言って、一般の人にも死から目を逸《そ》らさせ、考える必要などないかのように仕向ける優しさ、気遣い、配慮は、明らかにまちがっている。死の不安に直面したときに、冷静かつ賢明に対処するためにも、ふだんから死を意識し、自分の最期について準備と心づもりをしておくことが必要だ。

ふだんから死ぬことなど意識していたら、気分が暗くなる、頑張る気が失《う》せる、希望が持てないなどと言う人もいるが、それは初歩的な段階で、それを乗り越えると、未だ死に直面していない今の貴重さが実感でき、ふつうの今がきわめて幸せなのだと感じられるようになる。

全否定までしていなくても、とかく「死」という文字は嫌われる。だから、だれかが死んだら、さまざまに言い換えられる。「亡くなった」「息を引き取る」くらいはいいとしても、「永眠した」「旅立った」「天国に召された」などは、事実を直視しない欺瞞の発想で、婉曲《えんきょく》ではあるが、現実性を曖昧にして、必要な心の備えをおろそかにしかねない。ある種、目先のごまかしで、優しいけれど、危うい配慮と言わざるを得ない。

「死」を「死」と認めてはじめて、望ましい死の迎え方に考えが進む。曖昧にぼやかしているかぎり、正体は見えない。正体が見えてくると、存外、恐怖や不安は薄れるものだ。直視すればするほど慣れてきて、最後はなんとも感じなくなる。

怖さや不安の克服は、案ずるより産むが易《やす》しである。

第五章　生とは何か

生きているから死が怖い

我々はだれでも気がついたら生まれているので、なぜ生まれたか、なぜ生きているのかを説明できない。

「生」は自分が努力して手に入れたわけでもなく、もともと手に入れたかったわけでもないのに、いつの間にか与えられている。

死が怖いのは、このたまたま与えられた「生」を、奪われたくないという気持ちがあるからかもしれない。とすれば、我々は根拠もなく「生」をよいもの、大事なものだと思っていることになる。

果たしてそうだろうか。

芥川龍之介の中編「河童」には、妻の出産直前に、河童の父親が産婦の生殖器に口をつけ、『お前はこの世界へ生まれて来るかどうか、よく考えた上で返事をしろ』と聞く場面がある。産婦の腹の中にいる胎児が、『僕は生まれたくはありません。（略）僕は河童的存在を悪いと信じていますから』と答えると、河童の産婆が産婦の生殖器に太い硝子管《ガラスかん》を突っ込み、何かの液体を注射する。すると、産婦の腹はガスを抜いた風船のように縮んでしまう。つまり、この胎児は自ら生まれることを拒否して消滅するわけで、喜びも楽しみもない代わりに、死の恐怖も感じずにすむ。

これは芥川一流の皮肉ともペシミズムとも言えるが、もしも自分が胎児にもどって、分《ぶん》娩《べん》前に生まれたいかどうか訊《たず》ねられたら、人はどう答えるだろうか。

「生まれたくない」と言う人もいるだろうが、大半は「生まれたい」と答えるのではないか。生まれなければ楽しいことも嬉しいことも味わえないからだ。そういう意味では、「生」はよいものと思っている人が多いと考えられる。

生まれていいことをプラス、悪いことをマイナスとすれば、人生の最期に収支がプラスになるかマイナスになるかが計算できる。合計がプラスの人は生まれてよかったということになり、マイナスの人は生まれなければよかったということになる。生まれなければ、収支はゼロなのだから。

もし、生まれてくるか否かを選べるとしても、収支がどうなるかは生まれてみないとわからないのに、「生まれたい」を選択する人が多いとすれば、やはり「生」にかける期待値は高く設定されていると言える。

人生の前半でマイナスが込んでも、後半でプラスが増えれば逆転できる可能性がある。

そう信じられる人は、まだまだ生きたいと思って頑張る。もうプラスはあり得ないと確信した人は、自ら命を絶つ可能性が高まる。

死が恐怖となるのは、まだまだ生きたいと思っているうちである。もう生きたくないと思う人は、肉体的な苦痛に対する恐怖はあっても、それ以外の恐怖は薄まるだろう。

今、すでに人生の収支が十分黒字になっている人は、なぜここで決算（すなわち死）を選ばないのか。この先、もしも大きなマイナスを背負い込めば、せっかくのプラスがフイになってしまうのに。そうなる前に勝ち逃げしたほうがいいのでは。

そんなふうに思う人はいないだろう。これまでの人生がプラスの人は、これからの人生ももっとプラスが続くと楽観的に考えるだろうから。大きなマイナスがいつどこで口を開けているかしれないのに。

生きていていいこと

人が生きることを求めるのは、生きているといいことがあるからだとすれば、具体的には何がいいことなのか。

だいたい次のようなものだろう。

・喜びや幸せを感じる

友だちと楽しく語り合ったり、恋人ができたり、結婚して家族ができたり、子どもや孫の成長を見たりすると、生きることの喜びや幸せが感じられる。

旅行で日常から解放されたり、きれいな景色を見たり、おいしい料理を食べたり、温泉でくつろいだり、珍しい体験をしたり、テーマパークやリゾートで遊んだりしても、喜びや幸せを感じることができる。

もっと卑近なこと、たとえばほしいものが安く買えたとか、駐車スペースがすぐに見つかったとか、あきらめていたチケットがキャンセルで偶然手に入ったとか、人に褒められたとか、好きな人が笑顔を見せてくれたとか、たまたま入った店の料理が意外においしかったとかでも、喜びは感じられる。

プラスの喜びばかりでなく、マイナスがゼロになる喜びもある。抗がん剤が効いて転移巣が消えたとか、ミスったと思っていたことがセーフだったとか、大きな損をしたと思っていたらそれほどでもなかったとかだ。

喜びには明るいものばかりでなく、後ろ暗いものもある。ミスをうまくごまかせたとか、悪事がバレなかったとか、陰謀がうまくいったとかだ。あるいは、ライバルがしくじったとか、嫌いな相手に不運が訪れたとか。いわゆる〝他人の不幸は蜜の味〟ということだが、こういう喜びは、長い目で見れば人間性を歪《ゆが》め、人生そのものに悪影響を及ぼしかねない。

・達成感や満足感がある

何か目標を持ち、それに向けて努力をする。スランプにもめげず、思い通りの結果が出なくても腐らず、あくなき信念で精進を続ければ、初志貫徹、目標完遂、大願成就で、達成感を抱くことができる。

自己信頼感も高まり、気分が高揚して、自分を褒めたくなる。それは大きな喜びとなり、生きることのよさを実感できる。

それほど明確な目標がなくても、日々、手を抜くことなく、まじめに人生を送っていれば、安寧な暮らしにそこはかとない満足感を得ることもできる。多くを望まず、足るを知る心さえあれば、日々の生活にも大いなる満足を見出《みいだ》すことも可能だ。

・他者とのつながり

人は社会生活をしているかぎり、あらゆる場面で他者と関わりを持つことになる。授乳してくれる相手からはじまり、保育園や幼稚園、小・中・高校、大学、職場や地域、新たな交遊関係、医療や福祉の世話になったり、最後は施設や病院での付き合いまで、自分以外の人間と関わり続けなければならない。

他者との関わりが苦手な人は苦労するが、上手に付き合えば、自分ひとりでは味わえない喜びを感じることができる。愛情、友情、共感や感動、会話の楽しさや、共通の趣味、ためになる話題、思いがけない出会い等々、他者との関係による生きる喜びは、高齢になっても持続し得る。

・成長と向上

肉体と精神の自然な成長だけでなく、自ら学び、鍛えることで、新たな知識や能力、技術を獲得することができる。自らを向上させて目標を達成したり、困難を克服したり、これまでできなかったことができるようになったりすることは、大きな喜びにつながるだろう。成長し向上した自分は、それまでの自分よりも優秀で力強く、好ましいものだと感じられる。生きててよかったと感じる瞬間だ。

・未来への希望

生きていていいことの中には、未来に対する希望もある。

何かいいことがあるのではないか。いい出会い、面白いこと、楽しいこと、喜ばしいことがあるのではないか。そう思うと気持ちが前向きになり、厳しい現実を生き抜く支えになる。

未来にはいいことがあるかどうかわからないのに、多くの人が根拠のない希望を抱くのは、それがないと生きていく力が湧かないからかもしれない。希望があれば自分の将来に期待し、目標を持ち、夢を抱き、それに向けて努力することができる。生きているからこそで、死ねば希望も期待も抱くことができない。

生きていて悪いこと

生きていく上でいいことばかりだと、だれも悩まないし、嘆きや苦しみもないが、現実はそんなに甘くはない。

生きていくつらさを乗り越えるためにも、生きていて悪いことも直視したほうがいいだろう。

具体的には次のようなものだ。

・苦痛とストレス

酷暑の夏や厳寒の冬、空腹や睡眠不足、病気や怪我《けが》による痛みと苦しみ、対人関係、親子関係、仕事のトラブル、過重なノルマ、厳しい叱責、パワハラやセクハラ、イジメや虐待、差別、誹謗《ひぼう》中傷、罵詈《ばり》雑言《ぞうごん》、悪辣な嘘や無視、無理解や不親切、ネットの炎上、誤解や妨害、嫉妬、意地悪、陰謀など、生きていることは苦痛とストレスに満ちている。

それはだれしも避けられない。賢明な対処法を身につけなければ、とても快適には暮らせない。肉体的にも精神的にも、鈍感になりきることが有効だが、それは同時に喜びや幸福にも鈍感になる危険性があるので、賢明な対処法とは言いがたい。ストレスにのみ鈍感になれればいいが、それは至難の業と言えよう。

・不安や恐怖

病気や怪我や災害や事故で、日常を奪われる危険性は常にあり、自分だけでなく家族が巻き込まれる可能性も無視できない。受験や就職に失敗するとか、仕事がうまくいかないとか、リストラされるとか、会社が潰れるとか、契約が破棄されるとか、失恋するとか、子どもが交通事故に遭うとか、溺れるとか、高いところから落ちるとか、将棋倒しになった人混みで圧死するとか、引きこもりになるとか、家庭内暴力が起こるとか、家が火事になるとか、強盗に入られるとか、通り魔に襲われるとか、アクセルとブレーキを踏み間違えた高齢ドライバーに轢き殺されるとか、生きていれば起こり得る不運や不幸は枚挙に暇《いとま》がない。命の危険を伴う恐怖もあるし、大切な家族を失う恐怖もある。経済面の心配もあり、考えだすと無事に明日が迎えられるだろうかと心配になってくる。

・失敗や落胆

仕事の失敗、人付き合いの失敗、結婚の失敗、子育ての失敗、親孝行の失敗、お金の失敗、計画の失敗、選択の失敗、決断の失敗、失言、失態、勘ちがい、思い込みなど、生きていればあらゆることに失敗の危険性がつきまとう。

何かがうまくいかなかったとき、落胆の大きさはさまざまだが、立ち直りに時間のかかる場合や、絶望して再起が叶《かな》わない場合もある。

・怒りと嘆き

ムカつくこと、腹の立つこと、許しがたいことはこの世にあふれ、〝ハラワタが煮えくり返る〟とか、〝怒髪《どはつ》天を衝《つ》く〟という表現をしたくなることもある。

特に高齢男性はキレやすく、ちょっとでも自分の基準からはずれていたり、思い通りにならなかったりすると、周りが引くほどの怒声を発したりする。電車が遅れた、郵便物が届かない、順番を飛ばされた、優先座席を譲ってもらえない（あるいは譲られた）、歩行を邪魔された、発言を遮られた、ヘンな目で見られた、邪魔者扱いされた、年寄り扱いされた、臭いと言われた、汚いと言われた、だらしないと言われたなど、怒りのタネは無数にある。

同様に、嘆かわしいこともあふれていて、特に老化現象による心身の衰えは、多くの高齢者を嘆かせる。老いれば当然のことなのに、世にあふれる「いつまでも元気で長生き」妄想のせいで、心の準備がおろそかになっていることも原因だろう。

・生きづらさ

今の日本は格差社会で、貧困が問題となり、親ガチャ、ワーキングプア、生活保護の世襲など、生きることに苦労させられている若者も多い。繊細で傷つきやすく、コミュニケーション能力が十分でない若者は、日々、生きづらさを感じている。

能力と運に恵まれた強者や成功者ばかりが得をし、生活を楽しみ、優雅な人生を送っているのを見ると、なぜ自分には能力がないのか、幸運に恵まれないのか、努力ができないのか等、深刻な問題に突き当たる。集団の中で存在を認められないとか、能力を評価してもらえないとか、蔑まれるとか、嘲笑されるとか、仲間はずれにされるとか、そういう状況に落ち込むと、脱出はなかなかむずかしい。

・孤独感

他者とのつながりが生きることのいいことであるなら、孤独感は生きていることの悪いことになる。

孤独感を解消するには、他者との関わりが必要だが、それがうまくできない人は、いわゆるヤマアラシのジレンマに陥っている可能性がある。ヤマアラシは孤独を感じると、相手とくっつきたくなるが、全身にトゲがあるので近づくと刺されてしまう。だから、近寄りたいけれど近寄れない。トゲをなくせば近寄れるが、それができないから孤立し、孤独に陥る。トゲのあるままを受け入れてくれる相手が見つかればいいが、もちろんそれは簡単なことではない。

・喪失感

家族が亡くなったときの喪失感、仕事がなくなったときの喪失感、地位や役割を失ったときの喪失感、家や住む場所を失ったときの喪失感、長らく大切にしてきたものや、かわいがっていたペット、思い出の品や、丹精を込めた作品などを失ったときの喪失感、夢や希望を失ったときの喪失感。これらは人生にはつきものだが、落胆が深すぎると、反応性のうつ病につながる危険性がある。

それを避けるための3原則。

――形あるものはいずれなくなる。

――はじまったものはいずれ終わる。

――出会った者はいずれ別れる。

・不公平や不条理

学校や職場、フォーマルな社会でもインフォーマルなつきあいでも、不公平や不条理は常に起こり得る。口のうまい者が勝って、声の大きな者の意見が通り、要領のいい者が得をする。突然、話を変えられたり、約束をたがえられたり、大事なことをなかったことにされたり、依怙贔屓《えこひいき》や裏取引、出来レースに談合、根まわし、陰謀、策略、裏工作。

そんなもので、知らないうちに損をさせられたり、地位を奪われたり、割を食ったり、陥れられたりする。許しがたいと憤っても、現実はどうにもならない。

そんな状況に直面するのも、生きていく上での悪い面である。

水木しげる氏が描く「生」と「死」

子どものころ、私が父に「死んだらどうなるの」と聞くと、父はこう答えた。

――生まれる前と同じになるんや。

なるほどと思ったが、具体的にはよくわからなかった。

「生」と「死」がどういう関係にあるのか、私が敬愛する漫画家の水木しげる氏が、作品の中で明快に説明している。

「墓場鬼太郎　怪奇一番勝負」に登場するエピソード（「ゲゲゲの鬼太郎　夜話編」にも描かれる）だが、アメリカ帰りの殺し屋と売れない漫画家が、鬼太郎を亡き者にしようとして、逆に完全な暗闇の世界に迷い込まされる。そこは真の闇で、２人がさまよっていると、前から胴体の上下に手足がついた首なしの怪人が現れて、出口へ案内するという。

途中で怪人が２人にこう言う。

『人生とは一冊の漫画の本のようなものだ
長い長い静かな闇夜の世界が
何万年何億年とつづいていると考えたまえ
その中に一冊の本が落ちている
君達はそれを読む
そして喜んだりかなしんだりする
そして読み終える
そしてまた静かな黒い世界が何十億年とつづく

生きている間というのは
その漫画を読んでいるわずかの間だ』

たしかに生まれる前は長い闇夜の世界が何万年何億年と続いていた（ような気がする）。そして、今、その闇の中で拾った一冊の本を読んでいる。喜んだり悲しんだりもする。そして、私はそろそろ残りのページ数が減ってきたのを感じている。

人が拾う本には、短編や長編、喜劇や悲劇、成功譚《たん》や失敗譚、冒険物もあれば、平板で退屈なものもある。それをどのくらい楽しむかは、本人次第。他人の本のほうが面白そうでも、取り替えることはできない。だが、自分の本に自分なりの価値を見出せば、味わいのあるものにすることもできる。他人の本と比べる必要はなく、自己完結で満足が得られればそれでいい。

過去に読まれた本の中には、名作として後世まで語り継がれるものもあるが、大半の本はすべてもとの暗闇へと消えてしまう。

殺伐とした解釈かもしれないが、都合よく想定された死後の世界よりは、よほど巧妙な比喩のように思える。

「生」とはテーマパークのようなもの

私は人間の一生は、子どもがテーマパークで遊ぶようなものだと感じている。

一口にテーマパークと言っても、広いところもあれば、狭いところもある。遊具やアトラクションが豊富なところもあれば、少ないところもある。

多いか少ないか、広いか狭いか、面白いか面白くないかは、すべて比較の問題なので、ほかと比べると不満や物足りなさを感じやすいが、比べなければどのテーマパークもそれなりに十分楽しめる。

テーマパークにはさまざまなエリアがある。「出生エントランス」からはじまって、「学校ジャングル」、「人間関係の迷路」、「就職クルーズ」、「結婚アドベンチャー」、「中高年ファンタジー」、そして最後は「老いの館」へと至る。それぞれのエリアは、参加する子どもを楽しませたり、喜ばせたり、苦しめたり、嘆かせたりする。

テーマパークはふつう、70年~80年ほど開いているが、途中で閉園になることもある。場合によっては、自分から出て行く参加者もいる。

テーマパークで十分、楽しんだ子どもは、閉園の時間が来ても、「あー、楽しかった」

と満足して園を出て行くだろう。

しかし、まだ遊び足りない子どもや、いつまでも遊んでいたい子どもは、閉園の時間を恐れたり、拒絶したりする。いくら拒絶しても、テーマパークは時間になれば閉園する。

閉園の時間が迫っているとわかれば、残り時間を精いっぱい楽しんだほうが得に決まっている。ところが、閉園を受け入れられない子どもは、管理事務所に行って、なんとか閉園の時間を延ばしてくれないかと懇願したり、交渉したりする。管理事務所の人も相談には乗ってくれるが、閉園時間を延ばすことには限界がある。交渉をしている間にも閉園時間はどんどん迫る。交渉などするヒマがあったら、残り時間で遊べるアトラクションを楽しむとか、パレードを見るとかしたほうがいいのに、と管理事務所の人は思うが、子どもはなかなか受け入れない。

すでにおわかりの通り、管理事務所は病院、閉園は死を意味する。

テーマパークで遊べるのは一回きり。閉園時間を気にするより、その一日をできるだけ楽しんだほうがいいにはちがいない。

自分には生きる価値があるのかという疑問

新聞の人生相談などを見ていると、ときどき「自分には生きている価値があるのか」というような相談が寄せられることがある。自分はだれの役にも立っていないし、だれからも必要とされていない。無職で家族もなく、友だちもおらず、落ち着ける居場所もなく、やりたいこともなく、将来に夢も希望もないという。

回答はだいたい、だれにでも生きる価値はある、あなたはまだそれを見つけていないだけ等、優しく励ます内容が多い。

人生が調子よくまわっている人は、自分に生きる価値があるだろうかなどとは考えない。仮に問われたら、胸を張って「大いに価値はある」と答えるのみだ。

私はどんなに成功している人でも、幸せに暮らしている人でも、その人の生に価値があるとは思わないし、逆に、無職で孤独で夢も希望も居場所もない人の生を、価値がないとも思わない。

生きるということには、価値があるともないとも思わない。生きる価値などというものは、何か支えがないと落ち着けない人が創り出した妄想で、それぞれが勝手な意味づけをしているから、議論しても答えは出ない。

そんな疑問を持つヒマがあったら、もっとシビアな現実を見たほうがいい。

先日、ＮＨＫの「プロジェクトＸ」の再放送で、日本初の骨髄バンクを作った人々が紹介されていた（「決断 命の一滴～白血病・日本初の骨髄バンク～」）。

その中で、白血病のために15歳で亡くなった少女の作文が紹介されていた。

「将来について」と題された作文で、ナレーションの田口トモロヲ氏が、抑えた口調で朗読した。


『私は、ふつうの高校生になって、ふつうのお嫁さんになって、ふつうのお母さんになって、ふつうのおばあさんになって、ふつうに死にたい』


少女はその『ふつう』をすべて叶えられずに亡くなった。

私は同級生を3人、白血病で亡くしている。女性ばかりで、1人は中学生のとき、1人は高校生のとき、1人は20代だった。ふつうに生きて、ふつうに年を取って、ふつうに暮らせずに亡くなる人が、この世には大勢いる。外科医、麻酔科医として病院勤めをしていたときも、若くして亡くなる人、理不尽な病気で亡くなる人、後ろ髪を引かれるようにして亡くなる人、心残りや無念の思いに苦しみながら亡くなる人をたくさん見た。

ふつうに生きていることが、実は得がたい幸運で喜ぶべきことと知ったら、生きることに価値があるかどうかなど、考える気にはならないのではないか。ましてや、少しでも長生きをしたいとか、いつまでも元気でいたいとか、寝たきりになりたくない、がんや認知症になりたくないなどと、血眼になることが、いかに多くを求めすぎているかがわかるだろう。

そんなことを言われても困るという人も多いだろうが、ふつうであることの幸運を、十分認識すれば、生きることも少しは楽になると私は思う。

第六章

死後の世界があるとすれば

死後の世界と生まれ変わりを証明する論文

ある会食の席で、私と同世代の人から、「生まれ変わりはあると思いますか」と聞かれて困った。

少し考えて、「今の段階では、あるともないとも言えないんじゃないですか」と答えると、その人は少し勢い込んで、「死後の世界の存在と、生まれ変わりを証明する論文があるんです」と言った。大学の教授が発表した正式な論文だという。

後日、その論文がメールで送られてきた。著者は経営学者でスピリチュアル・カウンセラーでもある飯田史彦《いいだふみひこ》氏。タイトルは「『生きがい』の夜明け―生まれ変わりに関する科学的研究の発展が人生観に与える影響について―」で、発表は福島大学経済学会「商学論集 1995年9月 第64巻 第1号」。当時、飯田氏は福島大学経済学部の助教授だった（後に教授に昇格）。

論文は死後の世界と生まれ変わりについて、世界各国の研究者の発表を網羅したもので、退行催眠（催眠状態で意識を過去にさかのぼらせる）により、前世（論文では『過去生』）の記憶を語った証言や、臨死体験の証言、さらには前世から現世に移る間に存在する『中間生』（いわゆる〝あの世〟）についての記述が繰り広げられている。

長大な論文なので、すべてを紹介するわけにはいかないが、いくつか興味深いものを挙げてみる。

・原因のわからない恐怖症の患者に、退行催眠で前世の恐怖体験を語らせると、恐怖症が治癒した。たとえば、恐水症の患者は前世で溺死していたとか、暗闇を異常に恐れる人は、暗闇で何者かに襲われた記憶にたどり着く等。
・生まれつき身体に痣《あざ》のある子どもは、前世でその部分に銃創や刺創を受けて亡くなっていた（実際に前世の人物が証言通りに亡くなっていたことを、カルテで確認できた例もある）。
・現在の性別には関係なく、何百人もの被験者に退行催眠を行い、紀元前2000年にまでさかのぼって前世の性別を調べると、男女比ほぼ50%だった。これは各人の記憶が創作ではなく自然なものであることを物語る。
・退行催眠で語られる衣服や履物、食器などは、どの時代のものについても歴史的に矛盾のないものだった。
・弁護士や大学院生など、信頼できる被験者300人以上が、1回目の実験で死者の魂との会話に成功し、4回目の実験までにほぼ全員が魂の存在を自分の目で確認した。
・ハロルドという被験者が、退行催眠で過去にヴァイキングだったときの人生を思い出して口にした言葉を、実験した博士が書き留めると、その一部はヴァイキングが当時使用していた言葉で、覚醒したハロルドには理解できなかった。
・アメリカとインドから収集した1000件もの臨死体験の比較研究が公表され、『両国の患者の体験した臨終時のビジョンに見られる現象の間に、死後生存仮説を裏づけるに足る明確な類似点を観察することができた』と明言された。

首を傾げたくなる記述も

この論文には、死後の世界や生まれ変わりについて、膨大な研究と実例が紹介されているので、読んだ人はもしかしたら死んでも終わりではないのではと感じて、死の恐怖を免れるかもしれない。私にこの論文を紹介してくれた人も、この論文を頼りに、死後の世界と生まれ変わりを信じたいという雰囲気を漂わせていた。

しかし、科学的な目で見れば、首を傾げたくなる記述も多い。

たとえば、先のハロルドの例では、当人がヴァイキング時代の生にもどっていたのなら、なぜヴァイキング語のみでしゃべらないのか。また、口にしたというヴァイキング語の単語を、当人が事前に仕込んでいなかったという保証はあるのか（意地の悪い疑いかもしれないが、たいてい不思議のウラには単純なトリックがある）。

不正がなかったとすれば、ハロルドが知っているはずのないヴァイキング語の単語を口にしたのは不思議だが、だからと言って、即、ハロルドは前世でヴァイキングだったと結論づけるのは飛躍がある。世の中には説明がつかないことはいろいろあり（たとえば、解離性障害＝いわゆる多重人格や、統合失調症の妄想など）、それは単に我々の解釈が及びもつかないにすぎない（そうとしか考えられないというのは、人智の及ぶ範囲での話で、科学ではない）。

紹介されている症例数が、『何百人もの』とか『300人以上』とか『1000件もの』など、散文的なことも気にかかる。「矛盾がないからそうだ」という決めつけの論法も、科学的とは言えない。

死者との会話に成功したという報告にも、その方法が『ある手法を用いて』としか書かれておらず、具体的に示されないのも不備と言わざるを得ない。『本書で説明されているテクニックを使えば、かなりの方が実際に愛する故人との再会を果たすことができるだろう』と、実に魅力的なことも書かれているが、肝心の『テクニック』が書かれていないので試すことができない（試されると困るからではないかと勘繰りたくなる）。

また、ある博士の被験者たちの証言で、『中間生』には『指導役の魂』が複数いて、死んであの世に行くと、3人から5人（多いときは7人）が『年老いた賢人』のイメージで現れ、その人の一生をパノラマのように見せてくれ、『裁判官』のように裁き、反省を促したり、次の生への有益な助言を与えてくれたりするとある。これもなかなか鵜呑みにはできない。

『指導役の魂』たちは、あの世に行った魂が十分に反省すると、『回復と癒やしのエネルギー』を与えてくれ、『人生を正しく歩んでいくための知識』が身につくとあるが、それならなぜ、次の生で人生を失敗する人が出てくるのか。

ほかにも、『中間生』は時間のないところだから、老いて死んでも若いままの魂でいられるとか、『グループ転生』をする魂の集団のうちでも、特に強い結びつきにある魂同士は『ソウル・メイト』と呼ばれ、次に生まれ変わるときに共同計画を立てるとか、生まれ変わろうとする魂は、自分が望んでいる性になるよう、性別に合う精子を卵子の方へと誘導するとか、死んでから次の転生までの間は、最短で10カ月、最長で800年以上にも及んでいるが、平均すると40年程度であるとか、話がどんどん空想的になり、論文というよりスピリチュアル本の様相を呈している。

死後の世界を信じることの損得

この論文の最後には、死後の世界の存在を肯定する人と、否定する人のどっちが得かが書かれている。

もしも、死後の世界があったとすれば、肯定していた人は「ほらね」と勝利を味わい、否定していた人は自分の過ちを突きつけられ、敗北を感じなければならない。

もし、死後の世界がなかったとすれば、すべてが無になるので、肯定していた人も自分の過ちを突きつけられることはなく、否定していた人も勝利感を味わえない。だから、死後の世界の存在を肯定する人のほうが、絶対優位にあるというのだ。

しかし、そんな損得勘定で安心していて、実際の死が目の前に迫ってきたとき、落ち着いていられるだろうか。

いや、死後の世界の存在を心から信じ込んでいると、『万が一、無に帰してしまい意識などなかったとしても』『本人は最後まで死後の生命を信じて、希望を抱きながらこの世を去ることができる』とも書いてある。しかし、そういう論法を、一般にはまやかしと言うのではないか。

死後の世界があるかどうかを、生きているうちに議論するのは、実は意味もなければ必要もない。死ねば答えはすぐにわかることだから。

それをあれこれ論じるのは、根底に死の恐怖や不安を紛らせたいという心理があるためだ。その時点でバイアスがかかってしまう。すなわち、死後の世界があってほしい（しかも、バラ色のものとして）という方向に傾きがちになる。

この論文も、『「死後の生命は存在しない」ことを「科学的に実証する」ことは不可能である。（略）そもそも存在しないもの自体を確認することは不可能』と、端《はな》から「死んだら無」という説を証明不能とする前提に立っている。

生まれ変わりの弊害

生まれ変わりにもメリットとデメリットがある。

メリットは何度でも人生をやり直せて、希望が持てるということだ。

デメリットは何度も人生の苦労を味わわなければならないことだ。

そもそも生まれ変わりを信じる人は、来世はよい生にありつけると思っていないか。ひどい生に生まれ変わる危険性もあるとすれば、生まれ変わりは必ずしも好ましいと思えないはずだ。

また、来世は人間でなく、ゴキブリとか毛虫など、忌み嫌われるものになる可能性があるとすれば、いっそう不安になるだろう。

ほかにも生まれ変わりがあることの弊害はある。

私事ながら、最近3人目の孫が生まれて、妻や息子夫婦とその誕生を喜んだが、純粋な赤ん坊に見える孫が、だれかの生まれ変わりだとしたら、気持ちが悪い。

孫は孫で、過去も前世もないまっさらな赤ちゃんであってほしい。もしも生まれ変わりがあるのなら、この孫は元々どこのだれで、どんな人生を送った人間かと考えてしまい、なんだか他人のように思えて親しみが薄れてしまう。よしんば身内であったとしても、この赤ん坊が父や祖父や、顔も知らない曾祖父《そうそふ》などだと、やっぱり気持ちが悪い。

「死後の世界」の危険

死後の世界があるなら、死の恐怖は減らせるかもしれないが、別の意味で危険である。先の論文には、ある被験者の証言として『死ぬことが、とても素晴らしいことだとわかりましたから、これで私は死を楽しみに待つことができます』という言葉が書かれている。また、生まれ変わりを信じることで、『「さて、次はどんな人生を計画してみようかな」と、洋々たる未来を想像することができれば、死に際しても楽しい気分でいることができるに違いない』ともある。これは死への誘惑にならないか。

現世でイヤなことがあったり、人生がうまくいかなかったりすると、今回はこれでヤメ、リセットして次の人生で頑張ろうと、簡単に自ら命を絶つ人が増えるだろう。

昨今はただでさえ格差社会や貧困、イジメや差別などで、生きづらさを感じている人が多いのに、こんなふうに死後の世界や生まれ変わりを心地よいもののように描くと、日本はますます自殺大国になってしまう（日本はOECD諸国では、自殺率が常に上位）。

生まれ変わりについては、私は肯定も否定もできないが、今、私が前世にどんな人生を送ったかまったく思い出せないのだから、次に生まれ変わっても、今回の人生はまったく思い出せないだろう。であれば、今の私は消えて無になるのと同じで、よしんば生まれ変わりがあるとしても、意味がないというのが私の結論である。

（先の論文では、都合がいいことに、『中間生』ではすべてを思い出せるらしい。それなら意味もあるかもしれないが、何度も人生を繰り返していたら、もう生まれ変わらなくていいやと思うのではないか。つらく苦しい人生も多いのだから。）

「死は存在しない」という仮説

今ひとつ、死後の世界の存在に関して興味深い主張がある。

『死は存在しない』（光文社新書）という本に書かれているもので、著者の田坂広志《たさかひろし》氏は東大卒の原子力工学博士であり、長年、研究者として科学の現場にいた人だ。

田坂氏は自分の人生におけるセレンディピティ（好ましい偶然）や虫の知らせのような体

験から、不思議な力が働いていることを感じ、「ゼロ・ポイント・フィールド仮説」というものを提唱している。

「ゼロ・ポイント・フィールド」とは、宇宙の誕生にはじまるすべてのできごとが、波動情報として記録されている場で、「ゼロ・ポイント・エネルギー」に満たされているという。人間もここから発生しているので、死ぬと肉体は滅びるが、魂はまた「ゼロ・ポイント・フィールド」にもどって存在し続ける。従って、「死は存在しない」ことになるというのだ。

「ゼロ・ポイント・フィールド」に移行した魂は、浄化され、現世での苦しみや恨み、嘆きや不満などもすべて払拭され、『至福に満たされた世界』に至るとある。

著者は科学者だけあって、論理の展開は明快で、説得力もある。また、この主張が仮説であることも率直に述べられている。だから、スピリチュアル系の本などよりはるかに信用できるが、残念なのは仮説の証明には至っていないことである。状況証拠はたくさんあるが、あくまで仮説に留《とど》まっている（留めているところが科学的）。

この仮説でも「ゼロ・ポイント・フィールド」、すなわち死後の世界があまりに魅力的に説明されているため、自殺者の続出を懸念してか、田坂氏は後半でフェリーニの映画

『道』を引き合いに出して、だれの人生にも意味があるので、苦しくても『魂の成長の道』を歩んでほしいと付け加えている。

水木しげる氏の漫画でも似たような状況があり、死後、霊魂になって両親やかつての恋人に再会した主人公が、死んだあとには至福の世界が用意されていたと知り、『神様も意地が悪い。』と顔をしかめる。すると、背後霊が『いえ、隠しておかないと自殺者が増えますからネエ、イヒヒヒ。』と笑うのである（「不思議シリーズ」の短編『不思議電車』より）。

やはり、死後の世界があまり心地よいのも考えものだ。

リアルに死後の世界を空想すれば

あるとき、私は東京のホテルで、風呂上がりにFMラジオのピアノ曲を聴きながら、ソファに座って目を閉じていた。あまりに気持ちがいいので、もしもこれが死後の世界だったらどうだろうと空想してみた。

私はもう死んでいる——。

しかし、暗闇の中に意識がある。死は無というわけではなかったと気づき、まずは喜ぶ。霊魂か何かは知らないが、こうして私の意識は残っている。自由で快適で何の束縛もない。今、私は死後の世界にいる。さて、何をしようか。

肉体がないので、考えることしかできない。それならまず、人生を振り返ってみようか。

あんなことがあった、こんなこともあった、楽しかった、嬉しかった、面白かった、ありがたかった。具体的にいろいろ思い出すが、1時間もすれば思い出も尽きてしまう。あれこれ思い出すうちに、同じことばかり考えたり、そのうち腹の立つことも思い出されてムカつき、恥ずかしいこと、惨めなことなども思い浮かんで、気分が悪くなりかける。

だったら、先に亡くなった人に会おうか。両親、祖父母、幼なじみ、友だち、知人、先輩——。

もう会えないと思っていた両親などと再会すると、思わず涙するほどの喜びに満たされる。父や母も喜び、互いに積もる話も尽きないかと思いきや、3日もいっしょにいれば、たぶん話すこともなくなり、再会の感動も薄れる。母からは生前の行いに小言を言われたり、父とは意見が合わずに互いに気まずくなったりして、少し離れたくなる。

ほかの連中も同じで、巡り合ったときは喜ぶが、いつでも会えるとなると、ありがたみも減ってしまう。

そのうち、イヤなヤツも出てくる。会いたくないヤツ、借りのあるヤツ、不義理をした相手、いじめた相手、騙《だま》した相手、さらには、私を袖にした女、私を騙した男、私を陥れたヤツ、私から小銭を脅し取った不良、しょっちゅう私を泣かせたいじめっ子等々。

イヤなことを言われたり、謝罪と賠償を求められたり、悪口を言われたり、からかわれたり、嘲笑されたりする。そんなつもりじゃなかった、悪かった、許してくれ、そんなふうに思っていたのか、もうやめてくれ、お願いだから消えてくれ。

そんなヤツらは無視して、もっと面白い相手をさがしてみよう。たとえば、有名人や歴史上の人物、一度話を聞いてみたいと思っていた相手に巡り合えれば、きっと面白いだろう。

しかし、歴史上の人物などは当然、先方は私を知らないから、話しかけたりすると、無視されるか、迷惑がられるに決まっている。都合よく話し相手になってくれるとしたら、今度は自分も見知らぬ人から話しかけられたときには、相手をしなければならない。それは面倒だし、迷惑でもある。

ほかに何かすることはないかと考えるが、魂だけの存在ではすることも限られる。世界中の好きなところへ行けるとしても（エベレストの山頂とか、イグアスの滝を裏から見るとか）、楽に行ける分、へえ、こんなものかと大して感動もしないだろう。

霊魂なら何でもできるとして、仮に大谷翔平選手や藤井聡太竜王の背後霊になっても、どうということもないだろうし、ましてや人の寝室をのぞくとか、女性風呂に潜入するなど下世話なことをしても、きっとすぐに飽きてしまう。

身体がないので、動くことも食べることも、飲んだり、歌ったりもできず、セックスもできず、ただ空気のような存在になってしまっては、肉体的な快楽を味わうことができない。

そう考えると、死後の世界は意外に味気なく、退屈であるのがわかる。

子どもや孫の人生を見守るというのは、霊魂の特権かもしれないが、それもせいぜい曾孫ぐらいまでで、玄孫《やしゃご》やそれ以後の子どもは、自分とはまったく関係ないし、相手もこちらの名前さえ知らない状況で、見守るにしてもたいして興味も湧かない。おまけにその子孫がバカだったり、自堕落だったり、鈍くさかったり、生き方下手だったりで、いくら導いても期待に応えてくれなかったら、イライラしてフラストレーションが溜まる一方だろう。

そんな状況が続くと、死後の世界に存在することに倦み、うんざりして、もう消えてなくなりたいと思うのではないか。

ホテルのソファでそんなことを考えながら、私は死後の世界があったらどうしようと不安になった。

都合のいいことを考えていませんか

いや、死後の世界はそんな世知辛いものではないと言う人もいるだろう。

死後の世界はもっと神聖で平安で、苦痛も患いもなく、懐かしい人にも出会え、だれと争うこともなく、憎しみも、嫌悪も、恨みも、軽蔑も、恐怖も、妬みも、失望もなく、嘆きもなく、悲しみもなく、もちろん差別やイジメもなく、数多《あまた》のハラスメントもなく、すべての霊魂が平和で仲よく穏やかにすごせる場所。それが死後の世界と言う人もいるかもしれない。

魂は浄化され、あらゆることが調和して、宇宙の一部になるとか、大いなるものと合体するとか、とにかくよくわからないけれど、何の問題もない完璧な状況になるのと強弁するなら、やはり都合のよいことを考えていると言わざるを得ないだろう。

死ぬのは自分一人ではなく、これまで無数の人間が死んでいるのだから、あるとすればすべての人に死後の世界はあるはずだ。宗教もちがえば文化、風習、常識、価値観、歴史も異なる人々が、すべて満足できる状況などあり得るのか。

ナチスの収容所で虐殺された約600万人のユダヤ人と、ヒトラーをはじめとするナチス幹部たちは、死後の世界では和解しているのか（だとすれば、ナチス幹部の罪はお咎めなしということになる）。

死後の世界が永遠にあって、それでも退屈しないと言うのなら、それはほとんど意識がないのと同じで、心地よさだけは感じるけれど、不快や退屈は感じないというのであれば、やはり都合がよすぎると言わざるを得ない。

理想としては、死んだら先に亡くなった親しい人と再会ができ、しばらくの間、快適に過ごして、生前の罪や過ちも許され、自分が親しみを感じる子孫の行く末を見守ることができ、危険や不運や悪から遠ざけてやり、幸運を授けてやり、幸せに生きられるよう導く存在であり、それが500年、1000年と続くのではなく、十分に満足したら、適当な時期に静かに消え去ってしまえるような死後の世界であってほしいということか。

あるいは神か仏か未知のエネルギーが、すべての問題を解決してくれるので、思い煩う必要はないのか。

やはり、都合がいいとしか言いようがない。

確実に存在する〝死後の世界〟

〝死後の世界〟にはもうひとつの意味もある。

それは自分が死んだあとの現実世界。これは確実に存在する。だれが死んでも現実は消えない。

自分の死後の世界など、どうでもいいと思っている人も多いかもしれないが、かつての日本人はその〝死後の世界〟を重視していた。

たとえば、新撰組の初代筆頭局長として、さまざまな悪評を残した芹沢鴨《せりざわかも》は、若いころ過激な攘夷集団「天狗党」に身を投じ、意見の相違から同志3人を斬り捨てて、投獄された。獄中で死罪を覚悟した彼は、自分の小指を噛み切り、その血で次のような句を書き記したと言われる。

『霜雪《しも》に 色よく花の 魁《さきがけ》て 散りても後に 匂う梅が香』

（ほかの花より先に咲く梅の花は、霜や雪の白に鮮やかな色を添え、散ったあとも香りを残す）

これなどは、自分の死後の評価のほうを現世より重視しているがゆえの句だろう（それなら、後年、酒色に溺れ、乱暴狼藉のかぎりを尽くしたのが解せないが）。

かつての武将が切腹などで自決したのも、死を拒んで生き恥をさらすより、潔く死ぬことで名誉を保つことを優先したからだ。

死んだあと、尊敬されようが軽蔑されようが、自分にはわからないのだからどうでもいいとは、むかしの人は考えなかった。死後の名誉を重んじる発想は、立派な生き方につながり、人から後ろ指をさされる生き方をしない人が増えて、社会全体にはよい効果があるかもしれない。

一方で、「死んでお詫《わ》びを」等、早まって命を粗末にする結果にもつながりかねない。

死後に名を残す意味

私自身は現世をよりよく生きることを重視するのみで、死後に続く世界のことにはほとんど興味がない。

しかし、世の中には自分の名を後世に残したいと願う人もいるようで（特にいわゆるエライ人）、自らの名前を冠した基金を設けてみたり、寄付したホールや記念館に自分の名前をつけたりしている。

死後に他人が名づけるのならまだしも、自分で名前を冠している人などを見ると、後々、恥ずかしくならないのかなと、他人事ながら心配になる。

あるとき、私は同級生の医者から、「おまえは作品が残るからいいな」と言われて戸惑った。彼が言うには、「本を読んだ人がおまえのことを知ってくれるだろ。それは生きた証《あかし》になるじゃないか」とのこと。そして、こう続けた。

「ボクは死んだら何も残らない。死後、ボクのことを思ってくれるのは家族だけで、よくて孫か曾孫までで、そのあとはだれもボクのことを知らない。何の痕跡も残さず、この世から完全に消え去ってしまうんだ」

淋しそうに言うから、「俺だって同じだよ。作品が残ると言ったって、せいぜい10年か20年で、そのあとは書店はおろか、図書館の書架さえからも消えて、倉庫に積まれるか廃棄されるかがオチだよ」と応えた。

実際、20年前に亡くなった作家の本で、今も書店に並ぶ作品はどれだけあるだろう。ネット通販があるから、もう少しこの世に存在できるかもしれないが、50年もたてばそれこそ完全に忘れ去られるだろう。

つまりは多少長く残るとしても、完全に消え去るということでは同じだ。もしも、自分の作品が後世に名を残すことにつながるなどと考えている人がいれば、その人の考えはスパンが短すぎるとしか言いようがない。

いや、紫式部の名は1000年後の今も残っているし、もっと前の聖徳太子や神武天皇だって、名前が残っているじゃないかと言う人もいるだろう。しかし、本人たちには何もわからないから、残っていても意味がない。

百歩譲って死後に魂が残るとして、現代の状況を察知できるとしても、果たして喜べるだろうか。

死後に名前を残したがる人のイメージとしては、魂として天から地上を眺め、ああ、オレの作品に感動しているヤツがいるとか、オレの偉業に感心しているとか、伝記を読んで憧れたり、オレみたいな人間になりたいと願ったりする子どもがいるなと確認して、満足感にひたることだろう。

しかし、後世の人間は必ずしも思い通りには反応してくれない。作品を貶《けな》したり、意味不明と投げ出したり、廃棄処分にしたりするのはまだいいほうで、バカにしたり、強欲を嗤《わら》ったり、虚栄心を軽蔑したりして、あの世から呪ってやりたくなるような態度をとるかもしれない。

紫式部や聖徳太子にしても、もし魂が残っていたら、わたしはそんな人間じゃない、その解釈はまちがっている、誤解も甚だしい、ほとんど捏造《ねつぞう》だと、怒ったり嘆いたりするのではないか。

ゴッホやモディリアーニや青木繁は、今、絵がこれほど高額で取引されるのなら、なぜ生前にもっと評価してくれなかったんだ、今ごろ高値をつけても遅いと、地団駄を踏むだろう。

ほかの歴史上の人物だって、後世の勝手な解釈やまちがった意味づけ、事実の曲解に苛立ち、嘆き、呆れるばかりにちがいない。

つまりは、消えてなくなるのがもっとも安らかということで、名を残したいとか、死後の世界があってほしいと願うのは、根拠もなくよい状況を前提にしている楽観主義なのである。

第七章

死を明るく見つめてみよう

「メメント・モリ」のもうひとつの意味

ラテン語の成句、「メメント・モリ（memento mori）」＝死を忘れるな。

今では絵本やオンラインゲームのタイトルにもなるほど、人口に膾炙《かいしゃ》しているが、私は高校生のころからこの言葉が好きで、しょっちゅう思い出しては楽しんでいた。

死を直視せずに目を背けていると、ずっと恐ろしく不吉なままだが、逆に直視すればするほど恐怖や忌避感は薄れる。それなのに、日本では死から目を逸らし、死のことなど忘れていよう、死などなかったことにしようという傾向が強い。

そういう意味で、「メメント・モリ」は、死をありのまま見つめるのに役立つ。家族も自分もいつかは死ぬ。明日にもその引き金は引かれるかもしれない。だったら、今を大事にしよう。幸いなことに、今はその引き金に指はかかっていないのだから。

死のことを忘れ、あたかも永遠に生きられるように思っている人は、得てして目の前の雑事に紛れ、些細なことに拘泥し、腹を立てたり、傷ついたり、イライラしたりしているのではないか。残りの命が限られ、それは日一日と減っていくことを実感すれば、そんなことに時間を取られているヒマはないはずだ。

自堕落な生活をしそうになったり、誘惑に負けて無駄な時間をすごしそうになったとき、私は「メメント・モリ」を思い浮かべ、自分を律する。そうすることが、死に直面したとき、人生を後悔せずにすむ方法だと思うからだ。

ところが、後年、メメント・モリにはもうひとつの意味というか、後句があることを知った。それは「carpe diem」（カルペ・ディエム＝今を楽しめ）だ。我々はいつかは死ぬ、だから、飲んで食べて陽気になって、今を楽しめということらしい。

たしかにそうだ。楽しみも笑いも喜びも、死を意識するといっそう味が濃くなる。開きなおれば恐怖も和らぐ。それは自然なこと、当たり前なことなのだから。

死があふれる街ウィーン

外務省の医務官としてサウジアラビアの次に、私はオーストリアの日本大使館で3年あまり勤務した。

ウィーンは一般には音楽の都として知られるが、実は死があふれる街でもあった。

たとえば、観光客が行き交うケルントナー通りにある「スワロフスキー」（白鳥をかたどったクリスタルなどで有名）の本店には、あるとき、店の入口に巨大なクリスタルのドクロが飾られていた。店内でもドクロの置物、ネックレス、ピアスなど、大小さまざまな骸骨クリスタルが売られていた。死のイメージを嫌うどころか、むしろ愛《め》でている感じだった。

あまりに街中に死のイメージがあふれているので、私は「ウィーン死出の旅路ツアー」の観光ルートを考えてみた。

死の最初は「病理・解剖学博物館」（9区 Spitalgasse 2）。ここにはさまざまな病気の臓器が蠟でかたどりして展示されている。いきなり「性病」のコーナーからはじまり、グロテスクに変形した男性器や女性器、軟骨炎で鼻が欠落した女性の顔などが展示されているので、繊細な神経の持ち主が訪問するのは要注意だ。

同じ蠟製の標本でも「ヨゼフィーヌム医学史博物館」（9区 Währinger Str. 25）では、有名な「横たわるヴィーナス」が展示されている。豪華なマットレスの上に横たわる裸の美女が、身体前面の内臓を露出していて、夢見るような表情と真珠のネックレスの下にある精巧な内臓の対比が非現実感をかもし出す。

解剖が終わると次は「葬儀博物館」（11区 Simmeringer Hauptstrasse 234）。ここにはさまざまなタイプの柩や柩を覆う豪華なカバー、死亡通知や葬列の模型などが展示されている。早すぎる埋葬を防ぐために、埋葬されたあと蘇生したら声が聞こえるように地上に伸びる筒をつけた柩や、底板が蝶番《ちょうつがい》で開くようになっていて、遺体を墓穴に落としたあと、使い回しのできる柩などもある。

葬儀が終われば墓だが、ハプスブルク家の皇帝たちは、「カプツィーナ教会」（1区Tegetthoffstraße 2）の地下にある皇帝納棺所に葬られる。歴代の皇帝や后妃の遺体が、壮麗な柩（多くは青銅製）に収められていて、それぞれに見応えがある。マリア・テレジアの柩は最愛の夫のロートリンゲン公（一説には初恋の相手）とのダブルの柩で、満艦飾の飾りのてっぺんに互いに見つめ合う夫婦の半身像が添えられている。

その前には何の装飾もない質素な柩が置かれている。これは息子のヨーゼフII世の柩で、彼は法令で市民の華美な葬儀を戒めたので、自ら率先垂範したようだ。

市民の墓としては、「聖ミヒャエル教会」（1区Michaelerplatz 5）のカタコンベ（地下墓地）が、一般の観光ルートにも入っている。ここには18世紀から19世紀ごろの遺体が、当時の服装のまま立てかけた柩の中でミイラになっている。見学したとき、私はたまたま案内人とたった2人だったため、何百ものミイラに囲まれ、生きた心地がしなかった。

ウィーンの墓地で有名なのは「中央墓地」（11区Simmeringer Hauptstrasse無番地）で、

埋葬者は約300万人といわれる。「作曲家区間」には、ベートーヴェンやモーツァルト、シューベルトにブラームスと、有名どころの墓碑や記念碑が集められている（モーツァルトの墓は「聖マルクス墓地」にもある）。

ほかにもウィーンの墓地はいずれもたいへん美しく、緑がいっぱいで、春にはさまざまな花が咲き乱れる。私は散歩やドライブであちこちの墓地を訪ねるのが楽しみだった。広々とした空間で、無数の墓碑に囲まれ、そこに書かれた名前と生年没年を読むと、だれもが確実に死に、永遠の平安に包まれることが実感できて心が落ち着いたものだ。

「死の絵画」展

ウィーンでの在勤中にもっとも驚いたのは、「ウィーン市歴史博物館」（現「ウィーン博物館」）で開かれた「死の絵画」（「BILDER VOM TOD」）展だった。市の主催でこのような展覧会が開かれること自体、ウィーンが死に寛容であることの証左だろう。

展示の内容は、シーレやココシュカなど、主にオーストリアの芸術家による死をテーマとした絵や造形で、死体やドクロ、葬列や臨終の床など不吉なモチーフがこれでもかと表現されている。

それらよりも私が衝撃を受けたのは、玄関を入ってすぐの正面に掲げられた90ほどのデスマスクだった。ベートーヴェンやマーラー、ヨハン・シュトラウスなどの死に顔が、壁一面に掛けられていて、圧倒された。

一般にベートーヴェンのデスマスクとしてイメージされるしかめ面の顔は、生前に作られたライフマスクで、デスマスクとはまったくちがう。肝硬変で衰弱して亡くなったベートーヴェンの死に顔は、目が落ちくぼみ、頰《ほお》がこけ、わずかに口が開いて歯がのぞいている無惨なものだ。

ヨハン・シュトラウスも、市民公園にある黄金のブロンズ像では、蓬髪《ほうはつ》に自慢の口髭《くちひげ》をピンと張り、優雅な姿勢でヴァイオリンを奏でているが、デスマスクは髪も薄くなり、頰はむくみ、口髭もしおれて惨めな容貌になっている。

デスマスクはいわば死にたての顔だから、どのマスクも死の無表情と無気味さに満ちている。歴史上の有名人も偉人も、死ねばただの人となり、無名の一般人と同じ無力な死体となることが強烈に感じられる。死の平等性という厳然たる事実を痛切に感じさせられる展示会だった。

それにしても、子どもを含め、だれもが観覧できる展示で、このように露骨に死を感じさせることに、批判や疑問は生じないのか。それはやはり、死をことさら忌み嫌う日本人ならではの発想だ。ウィーンの人々は、死も自然の一部として鷹揚《おうよう》に受け入れ、むしろ興味を持って見ているように思われる。

そのおかげで、死の恐怖はゼロにならないまでも、ずいぶん薄まっているのではないだろうか。

危険なミュージカル「エリザベート」

ハプスブルク家の悲劇の皇妃、エリザベートの生涯を描いたミュージカル「エリザベート」は、日本でも宝塚歌劇団や帝劇などで上演されているが、私が観たのはウィーンでの初演だった。

幕が上がって間もなく、エリザベートの死にまつわる事実を明かすため、当時の人々を地下から呼び出す場面がある。大勢の死人がいっせいによみがえるが、その動きはゾンビにそっくりで、これはゾンビミュージカルなのかと呆気《あっけ》にとられた。同時にいかにも死を忌み嫌わないウィーンらしい演出とも思った。

主人公はエリザベートだが、裏の主役として擬人化された「死神＝トート（DER TOD）」が登場し、終始、エリザベートにつきまとう。

彼女がオーストリア皇帝のフランツ・ヨーゼフと結婚したあと、姑《しゅうとめ》の皇太后ゾフィーとの確執に悩んだとき、「トート」はエリザベートを甘美な言葉で死に誘《いざな》う。しかし、エリザベートは「死ぬにはまだ若すぎる」と、「トート」をはねつける。

次に最愛の息子、皇太子のルドルフが自殺をしたとき、エリザベートは悲しみのあまり「トート」に死を願うが、このときはトートが「死は逃げ場ではない」と、エリザベートを突き放す。

そして最後、夫フランツ・ヨーゼフとの関係も冷え切り、放浪の旅を続けていたエリザベートは、ついに「トート」に引き寄せられ、テロリスト、ルイジ・ルキーニに暗殺されるのである。

史実に依拠しているせいもあるが、まったく救いのないバッドエンドで、このミュージカルは「死の勝利」を描いていると言っても過言ではない。

その証拠に、「トート」は黒衣に身を包んだスマートな金髪美男で、魅力的なキャラクターになっている。これもまたウィーンの「死」好きの表れだろう。「トート」のセリフはドイツ語でよくわからなかったが、その歌声とささやきは、いかにも死が美しく、平安で、苦しみも悲しみもない世界だと歌っているようで、魅力的だが危険な気もした。

日本版でもエリザベートが「トート」の元に走る筋立ては変わらないだろうから、このミュージカルが何度も上演されているところを見ると、日本でも死を美化する意識はゼロではないのかもしれない。

明るい「死の舞踏」

「死の舞踏」とは、ヨーロッパの中世末期（14～15世紀ごろ）に多く描かれたもので、生者と死者が列を組んで踊る絵画や壁画、版画などである。

当時のヨーロッパは、百年戦争やペストの流行で町に死者があふれ、葬儀や埋葬が追いつかず、生活空間にも死体がある状況だった。死は身近であり、恐怖でもあったが、だれ

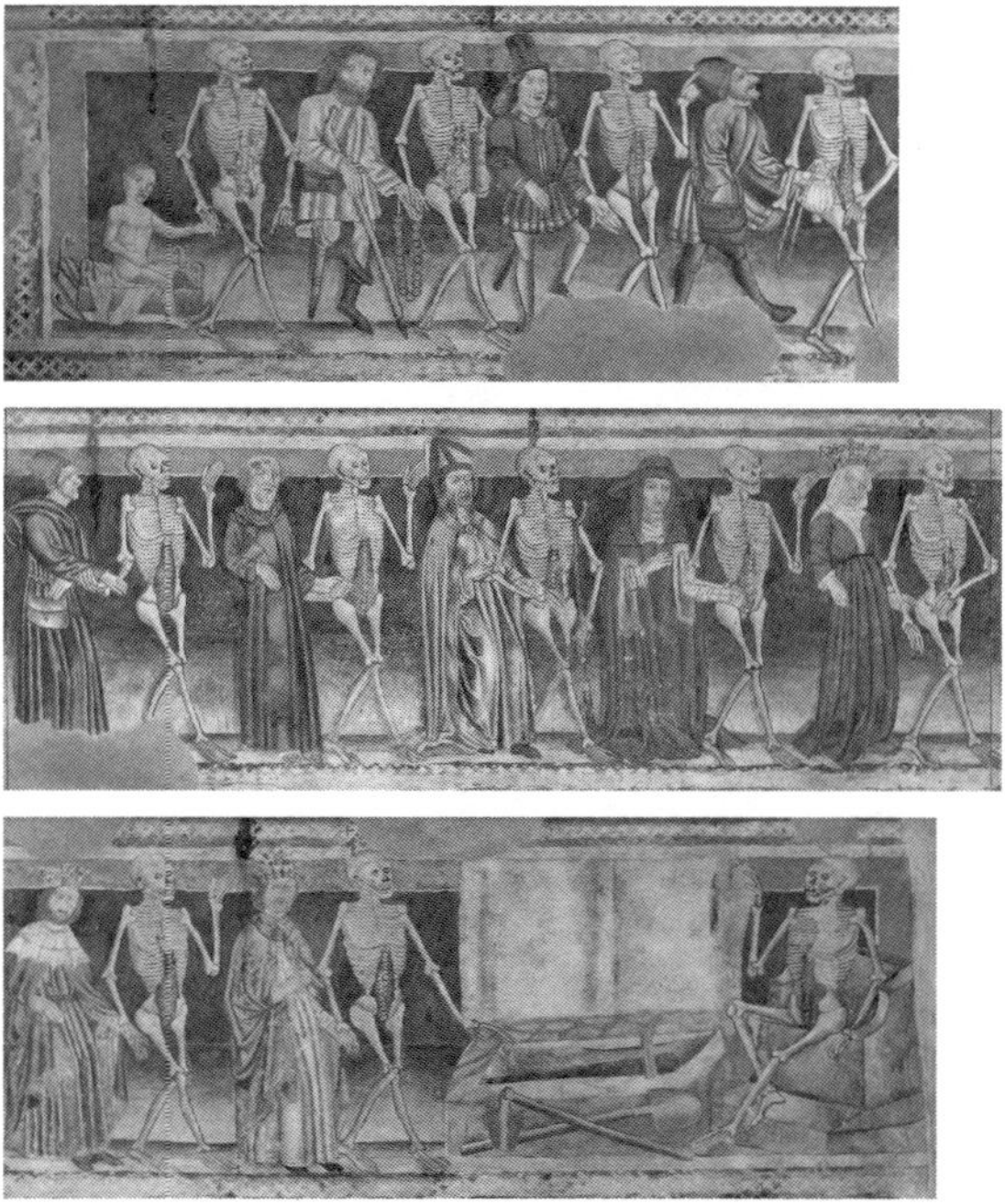

カスタヴのジョン「死の舞踏」1490年（複製）、スロベニア国立美術館蔵

にでも起こり得るものとして、ある種の平等性を感じさせるものだったようだ。

だから、「死の舞踏」の絵画では、「死」を象徴する骸骨が、一般庶民だけでなく王侯貴族や僧侶、金持ちや若者ともペアを組んで踊っている。生者はたいてい悲しげな面持ちだが、骸骨のほうは一様に楽しげに浮かれている。中には生者なしで

エドヴァルド・ムンク「浜辺にいる二人の女」1898年、シカゴ美術館蔵

骸骨だけの舞踏を描いたものもあり、こちらも陽気に飛び跳ねていたりする。

「死の舞踏」は、死を恐れる人が見るとイヤな気分になるかもしれないが、そうでない人が見ればユーモラスで、滑稽味さえ感じられる。「死」にはぜったいに勝てないし、抗うだけ無駄なので、どうせなら陽気に迎え入れようという思惑があるのかもしれない。

舞踏ではないが、生者と死者の対比をモチーフにした絵画もよく見られる。

エゴン・シーレ「死と乙女」1915年、オーストリア絵画館蔵

たとえば、鏡に自分の姿を映してうっとりする女性の背後で、骸骨が死の砂時計を掲げていたり、若い女性のスカートに「死」がもぐり込んでいたり、裕福そうな女性の半身が骸骨に描かれていたりだ。ムンクの「浜辺にいる二人の女」は、白いドレスの若い女性の背後に座る黒衣の老女の顔は骸骨のように描かれているし、シーレの「死と乙女」では、若い女性が黒衣の「死」と抱き合っている。

また、「バベルの塔」や「雪中の狩人」などで有名なブリューゲルは、「死の勝利」という大作も描い

ピーテル・ブリューゲル（父）「死の勝利」1562年頃、プラド美術館蔵

ている。画面では無数のドクロが王や兵士や庶民に襲いかかり、すべてを奪い去っている。

これらは決して明るくはないが、なぜことさら不吉なモチーフが選ばれたのか。それはやはり、逃れようのない死を直視することで、恐怖や不安が和らぐからではないか。

腹を括《くく》って向き合いましょう、そうすれば死にも慣れますよというわけだ。

トランジ——腐敗死体彫刻

さらにもっと強い免疫力をつけたい方には、14〜16世紀にドイツを中心とする北ヨーロッパで作られた「トランジ」をお勧めする。

これは腐敗死体彫刻ともいうべきもので、ふつうは美化されて表現されるはずの死体の皮膚が、破れて骨が見えていたり、破れ目からウジ虫が這《は》い出していたり、死体にヘビやカエルがまとわりついていたりする。

ルーブル美術館に収蔵されているオーヴェルニュ伯爵夫人ジャンヌ・ド・ブルボンの石像は、腹部の破れ目から小指ほどのウジ虫が3匹這い出し、下腹部からは小腸がはみ出ている。ほかにも両目、両頬、性器にカエルがへばりついている石像、体中にヘビやカエル、トカゲがまとわりつき、口にもヘビが入り込んでいるレリーフなど、悪趣味としか思えない像が、いくつも残っている。

いくら死体が無惨とはいえ、どうしてことさらグロテスクなものを作ったのか。死ねば肉体は腐敗し、ウジ虫が湧いて骨になるという空しさを表現しているのか。

腐敗死体と言えば、日本でも「九相図」が有名だ。

死後間もない状況から、野外にうち捨てられた遺体が腐敗し、イヌやカラスに食い荒らされ、骨になって最後は消滅する様を描いた仏教絵画で、小野小町をモデルにしたものが有名だ。絶世の美女の代名詞である彼女をことさら選んだのは、美と醜の対比を際立たせるためか。死体から出血することはない（出血は生体反応なので）が、肉の裂け目から血が流れていたり、黒く変色して膨れ上がった遺体が白目を剥いていたり、必ずしも正確な描写ではないが、死後変化から目を背けることなく、むしろ見る人に現実を突きつけるように描かれた九相図は、やはり死を直視することで、それが異常ではなく、自然なものであることを認識しようとした営為ではなかったか。

骨も集めれば美しい

「死」の象徴として擬人化される骸骨は、単独で見ると忌まわしいが、バラして部分別に集めるとおどろおどろしさも薄まる。特に手足の骨は棒きれのようでもあり、さして無気味さも感じられない。

ポルトガルのエヴォラにある「サン・フランシスコ教会」には、「人骨堂」という部屋があり、壁一面におびただしい人骨（主に大腿骨）がはめ込まれ、柱の表面にも上腕骨や尺骨、橈骨《とうこつ》、脛骨《けいこつ》などがびっしりと埋め込まれている。一部に頭蓋骨もあるが、あまりに多い長幹骨に圧倒されて、存在感を発揮できずにいる。

イタリアのローマにある「サンタ・マリア・デッラ・コンチェッチオーネ教会」は「骸骨寺」として有名で、カタコンベには約4000体の修道僧の骸骨が、パーツごとに分類され、壁や天井を飾っている。頭蓋骨を集めた壁の前には、3体の黒い頭巾つきの長衣をまとった骸骨が3体立ち、見物客を出迎えるように両手を組み合わせている。骨はきれいに図案化されて配置されているので、装飾的ではあれ、無気味さはほとんどない。積み重ねられた頭蓋骨にも、「ご苦労さま」とでも声をかけたくなるような親しみが感じられる。

チェコのセドレツにある「セドレツ納骨堂」では、人骨を組み合わせて作ったシャンデリアや紋章、トロフィーなどがあり、部屋全体が骨を用いたゴシックでシュールな芸術空間になっている。

オーストリアのハルシュタットにある「ハルシュタット・ルーテル教会」の納骨堂には、約1200人分の頭蓋骨と大腿骨が収められているが、頭蓋骨はきれいに清められ、前頭骨に名前と生年、没年が美しい書体で書き込まれている。さらには十字架や花や月桂《げっけい》冠《かん》がカラフルに描かれ、ぎっしりと並べられた頭蓋骨は、怖さより立体造形としての精妙さを感じさせる。

ウィーンにあふれる死のイメージも、「死の舞踏」もトランジも、「骸骨寺」などに見られるおびただしいドクロも、死そのものを明るく見ているように思われる。死は悲しいけれど必然。それなら目を逸らさずに、受け入れたほうが苦しみが少ない。そういう智恵が働いているのではないだろうか。

第八章　死の恐怖の乗り越え方

簡単でむずかしいこと

死が怖くて仕方ない人が、それを克服するためにこの本を手に取ったのなら、いちばん知りたいのはこの章の内容だろう。どうすれば、死は怖くなくなるのか。それは簡単でもあり、むずかしくもある。

死は自然の一部であり、死ねば何もわからなくなり、すべての悩みも苦しみも問題も消えると思うことができれば、死の恐怖は簡単に消える。死を怖がることは合理的でないとわかっているから、死を恐れている人は幻影に怯えているだけとわかるからだ。

つまりは、死を受け入れられるかどうかの問題だが、それがむずかしいので、死の恐怖は簡単には消えないことになる。

死はいつ訪れるかわからない。死が迫ると、もう楽しむことも喜ぶこともできなくなり、それどころか苦しみや痛みに襲われるかもしれず、何より自分という存在がこの世から消えてなくなるという未体験の恐怖に襲われる。

自分だけでなく、大切な家族や恋人、親しい友人や知人も、いつ死ぬかわからない。いったん死が訪れると、二度と会うことはできず、いっしょに時間をすごすことも語り合うこともできない。

死は不可逆で、あともどりはできない。取り返しがつかないということで、恐怖を感じるのは当たり前かもしれない。

しかし、世の中には死を怖がらない人もいる。その人たちはどうやって死の恐怖を克服したのだろうか。

多くの人は高いところに上ってもさほど恐れないが、高所恐怖症の人は異常に恐れる。高所恐怖症でない人は、なぜそんなに怖がるのかが理解できない。死に対する恐怖も似たような面があり、死が怖くない人は、異様に恐れる人の気持ちがわからない。死ねば無になるだけで、怖くも恐ろしくもないはずなのに、と。

自分の都合を小さくする

浄土真宗本願寺派如来寺《にょらいじ》の住職で、相愛大学学長も務める釈徹宗《しゃくてっしゅう》氏に教えを請うと、人は死の恐怖が湧いてきたとき、それを止めることはできないという。人間の脳はそもそも湧いてくるものを止められないようにできているからしい。

それでも死の恐怖を抑えたいのなら、その恐怖をできるだけつぶさに観察するのがよいと教えてくれた。なぜ怖いのか、なぜ怖いという気持ちが今、湧いたのか。死の何が怖いのか。怖いと思う気持ちの本体は何か。

そういうことを考え続けていると、なるほど怖い気持ちも薄まるだろう。怖がっている自分を、客観的に観る自分が生まれてくるからだ。考え事に集中しているときは、感情は意識の後方に退く。

悩みを解決するときは、自分の都合を小さくするのが仏教的な方法らしい。ああしたい、こうしたい、あれイヤ、これイヤは、すべて自分の都合で、自分の都合が大きい人は、苦しみや恐怖も大きいという。

釈氏はまた、こうも言った。

「自分の中にある老若男女を育てる気持ちを持つといいです。すなわち多様な内なる自分を成熟させることです」

死の恐怖を感じているのは、自分の中にいる幼い自分であったり、弱い自分であったりということだろう。だからそれを丁寧に育て、柔軟にすることで、死の恐怖を感じる自分から、死と向き合い、死と対話する自分への歩みを進められるということだ。しかし、これはなかなか簡単なことではない。簡単に育てられるなら、はじめから恐怖は少ないだろうから。

釈氏曰く、死の恐怖を感じるのは人間だけで、人間は死を意識することで生きることを深め、文明文化を発展させてきた。死を意識しないで生きることは、楽かもしれないが、人生を深めることもできないのではないか。身内の死や他人の死を多く見て、いろいろ考えれば、死に対する意識も深まり、そのうちに死に対する恐怖も変化してくるのではないか。

死を意識し、死の恐怖を克服することは、人生を深めることにもつながる。だったら、挑戦しないのはもったいない。

死の恐怖を克服するには、死のシミュレーションをするのもいいと釈氏は言う。それもできるだけリアルに考えるのがいいと。

明日、もしくは近々死ぬとしたら、自分はいったいどんな気持ちになるのか。何をするのか。何を大事にするのか。リアルに想像すればするほど、恐怖も強まるだろうが、それでもいつかは死ぬということを徐々に受け入れる気持ちになってくる。いくら拒否しても死はいつかやってくるということが、わかっているのだから。

釈氏自身は、「大きな声では言えませんが」と断りながら、「私は死ぬのは怖くないんです」と話された。子どものころから念仏往生の世界に住んでいるので、それが身に染みて、死んだら往生できるという感覚が、根拠はないけれど確信としてあるからとのことだった。

「死後の世界がどうなっているかは、もちろんわからないし、死んだら何もなくなるかもしれません。母親の死を目の前で見ていたとき、すべてが霧散するという感じがいちばんしっくりする気がしました。往生するという信念と矛盾するかもしれないけれど、考えても答えは出ないのだから、考えずに、おまかせするイメージなんです」

釈氏は最後にひょいと結論を逆立ちさせて、私への教えを終えた。

死の恐怖を感じずに死ぬ

私の母は89歳のとき、自宅で転倒して大腿骨頸部を骨折し、近くの病院で整復手術を受けた。事前の説明では手術は1時間くらいで終わるとのことだったが、予定の時間がすぎてももどって来ず、2時間すぎても何の連絡もなかった。

これは何かあったなと、私は徐々に覚悟を決めはじめた。高齢だし、持病の心不全と喘《ぜん》息《そく》もある。脂肪塞栓（骨折部位から漏れ出た脂肪が肺の血管などに詰まる）や、致死的な不整脈、稀《まれ》だが悪性過高熱という麻酔の合併症もある。もしかしたら、命に関わる医療事故かミスがあって、懸命の蘇生処置をしているのかもしれない。

不吉な予感に青ざめたが、ふと別の考えが浮かんだ。もし、母が思いがけない合併症や医療ミスでこのまま死ぬなら、こんな楽な死はないのではないか。

母は骨折の整復手術を受けるつもりで手術室に入り、麻酔をかけられて意識を失った。死ぬことなどつゆ知らず、命を終えたことになる。合併症や医療ミスは、通常なら受け入れられないものだろうが、母の場合はもしかしたら好ましいのかもしれない。

そう思っていたら、やがて母は無事に病室にもどってきた。手術は問題なく終わったが、高齢のため麻酔の覚醒が遅れたのが、予定時間オーバーの原因とのことだった。

私自身も死の恐怖を感じずに死にかけた経験がある。

大阪市内を自転車で通行中、出会い頭で軽トラックとぶつかり、はじき飛ばされて転倒したときのことだ。ぶつかる瞬間は覚えているが、一瞬、意識を失い、気がついたら自転車ともどもアスファルトに横倒しになっていた。どこを打ったかわからないので、首から手、腕、膝、足と動くことを確かめ、膝から出血していたが、幸い骨折もなさそうだったので、立ち上がることができた。相手の女性運転手はすぐさま車から降りてきて、平謝りに謝っていたが、大した怪我ではなかったので、そのまま別れた。

あとから、もしもあの事故で気を失ったまま死んでいたら（つまり即死していたら）、自分はまったく死の恐怖を感じずに死ねたなと思った。家族や仕事の関係者は困るだろうが、私自身は予定も未練も執着も何もわからないままこの世から消えるので、当然、苦痛も嘆きも遺恨もない。それはそれで悪くないのではないか。

迫り来る死の前で、やりたいこと、やり残したこと、大事な予定や楽しみをあきらめ、思い出や愛着のすべてを手放さなければならないと嘆きながら、苦悶のうちに最期を迎えるより、多少早くても一瞬の死は決して悪いものではないだろう。事故や災害で突然、命を絶ちきられることは、大きな不幸にちがいないが、それが一瞬の死であれば、当人には必ずしも悪い最期ではないとも思える。

死のシミュレーション

釈氏の言う死のシミュレーションは、意識的に自分の死をリアルに見つめ直すという、少々荷の重い作業だが、実はだれでも知らない間に、毎日、死のシミュレーションをしている。それは睡眠である。

夜に眠るときには、だれも死ぬことなど意識しない。だが、もし、そのまま翌朝、目が覚めなかったらどうだろう。就寝中に心臓発作が起こるとか、事故で一酸化炭素中毒になるとかで命を落としたら、自分の知らないうちに死を迎えることになる。そのときは死の恐怖はもちろん、嘆きも哀《かな》しみも知らないままとなる。

死とは目が覚めない眠りのようなものだと私は思う。永眠という言葉もあるくらいだから、死が眠りとよく似ているというのは多くの人が感じることなのだろう。

余談ながら、死が眠りと近いという感覚は、医者として多くの患者さんの死を看取って、どの顔も眠っているように見えたことが大きいかもしれない。死んだら顔を含め、全身の筋肉が脱力するので、表情を作ることはできない。だから、だれの死に顔も無表情のはずだ。それを安らかな顔だとか、悲しげだとか、怒っているようだとか言うのは、見る側の勝手な想像にすぎない。いや、眉間に皺《しわ》を寄せていたとか、目尻が下がっていたなどと言う人もいるだろうが、それはその人の素顔がそうだったということである。

夜、眠るとき、私はもしこのまま朝に目が開かなかったとしたら、こんな楽な死に方はないなとよく考える。あまりリアルに考えすぎると、不安になって眠れなくなるので、うっすらと考えるに留める。

眠ったまま死ぬのが楽なら、死がいつ来るのか、知らずに死ぬのが望ましいのかもしれない。

いつ死ぬか知ることのメリットとデメリット

内館牧子氏の小説『迷惑な終活』に、主人公が93歳の母親を郷里の新潟へ連れて行き、楽しいひとときをすごした2週間後、母親が熱中症で急死するエピソードが出てくる。

75歳の主人公は、人の命が期限付きであることを改めて認識し、母親の寿命があと2週間だと知らなかったからこそ、あんなに楽しめたのだと思う。すなわち、人の死はいつ訪れるか知らないほうがいいというわけだ。

死が迫っていることを知らなければ、毎日、平穏に暮らせるだろうし、人生をふつうに楽しむことができる。かたや、がんなどで余命を告げられると、人は温泉などに行っても十分には楽しめないだろう。

しかし、母親の死が2週間後に迫っていると知らなかったせいで、心ないことを言ってしまったり、つれない態度を取ったりすることもあるだろう。その場合は、2週間後に死ぬとわかっていたら、あんなことは言わなかったのにとか、もっと優しくすればよかったなどと悔やむハメになる。

いつ死ぬのかわからないから、今を楽しめる。しかし、逆に悔いを残すようなすごし方をする危険性もある。それなら、どうすればいいのか。

解決策は、やはりふだんから死を意識して暮らすことではないか。

すなわち「メメント・モリ」。

呪文のように唱えるだけでなく、心から死を意識する必要がある。そうでなければ、つい自分に甘くなったり、言わなくてもいいことを言ったり、すべきことを怠ったりする。

自分の「メメント・モリ」がどれくらい真剣であるかは、具体的に死が迫ったときにわかる。十分深く思い定めていれば、とうとう来たかと、ある程度、冷静に受け止められるだろう。動揺したり、慌てふためくようでは、思いが浅かったと言わざるを得ない。死が目前に迫ったとき、私自身がどう反応するかは、まったくわからない。偉そうなことを書いたりしゃべったりしてるのに、こんなはずじゃないとか、何とか助かりたいなどと、醜態をさらせばお笑い草だ。そのときは、嘲笑を受け入れる覚悟だけはしておこうと思っている。

死を受け入れやすい国民性

外務省の医務官として、最後の任地はパプアニューギニアだった。現地の医療事情調査をしたとき、保健省の事務次官テム氏から興味深い話を聞いた。がんの終末期医療について訊ねたらこう答えたのだ。

「パプアニューギニア人は、がんになっても大騒ぎしない。がんが恐ろしい病気だということは知っているが、もう治らないとわかっているので、病院を出て故郷に帰る。そして、家族といっしょに最後の時間をすごす」

当時、首都のポートモレスビーには総合病院がひとつしかなく、ほかに入院のできる施設はなかった。だから、高度ながんの治療はできない。「先進国に行って治療を受けることはしないのか」と聞くと、テム氏は静かに首を振った。

「テレビがあるので、地方の人間も、日本やオーストラリアに行けば進んだ治療が受けられることは知っている。しかし、それは我々の選択肢ではない。手続きや経済的な問題があるから」

「助かる道があると知りながら、それをあきらめなければならないのは、つらくないのですか」

そう訊ねたとき、テム氏は驚くべき答えを口にした。

「我々は、比較的死を受け入れやすい国民性なのです」

当時、パプアニューギニアの死因では、下痢が上位にあった。日本だと下痢で命を落すなどということは、到底受け入れられないだろう。しかし、この国では下痢だけでなく、マラリアや肺炎など、先進国なら助かる病気で亡くなる人が少なくなかった。それだけ死が身近で、致し方ないものとして受け入れる精神的風土があったのだ。そのことで死の恐怖が和らいでいるのではないか。

30年ほど前の話なので、今のパプアニューギニア人の国民性がどう変わっているかはわからない。情報伝達の発展で、余計な認識が広まり、死を恐れ、死に抗って苦しみを増やしているかもしれない。

自然な死に時

パプアニューギニアでは、今ひとつ感心すべき話を聞いた。

当時、彼《か》の国では呪術医療が盛んで、それを行う医師は、「ウィッチドクター」と呼ばれていた。

私はウィッチドクターの治療を見せてもらうため、現地で活躍する青年海外協力隊の隊員に頼んで、奥地の村へ連れていってもらった。診断は先祖伝来の木片の上に載せた水に訊ねるというもので、肘の痛みで診察を受けた若者は、〝悪い血を吸い取る〟という治療で症状を改善させた。

その診療の是非はおくとして、私は近在一の名医と言われるそのナンバーワン・ドクターに、「自分が死ぬときはわかりますか」と聞いてみた。すると、白髪頭で顔中に深い皺があるドクターは、「わかる」と答えた。

「どうやったらわかるのですか」

「それは歯が抜けて、目が悪くなって、脚が弱って歩けなくなったときだ」

その答えに、私は意表を突かれる思いだった。日本でなら、歯が抜けたら入れ歯、目が悪くなったら老眼鏡や白内障の手術、脚が弱れば体操やリハビリで対処して、死ぬことなど端から考えもしないだろう。しかし、人間は元来、老いれば死に近づき、抵抗せずに受け入れる以外にないのだ。

医療の進歩で、老化現象が改善されたのはいいことだが、それによって徐々に近づいてくる死まで遠ざけられるような錯覚が、死の恐怖を高めているのではないか。何とかできそうに思えるのに、迫ってくるから怖いのだ。死はどうすることもできないと観念すれば、受け入れる以外にないと思える。

受け入れれば恐怖も和らぐ。現代の日本で死の恐怖を感じる人が多いとすれば、かつてより死を受け入れることがむずかしくなったからかもしれない。

死を望ましいと思うとき

超高齢になって、苦しい老後になると、早くお迎えが来てほしいと思う人は少なくない。

また、最愛の家族や恋人に死なれたり、長年追い続けていた夢が破れたり、遠大な計画が失敗に終わったりして、生きる希望を失った場合も、死を強く求めるかもしれない。

それらの状況は決して好ましくはないけれど、実社会ではあり得ないことではない。

特に医療が発達した今、思わぬ長生きをしてしまうリスクは高い。若いころから節制をして、健康増進に励んだ人は、長生きをしすぎて死ぬに死ねない自分をうらめしく思う危険性もある。

長生きを「長寿」などと言祝《ことほ》いでいたのは、早死にする人が多かった時代のことで、今は長生きはさまざまなリスクがあることを認めなければならない。

それでも長生きをしたいと思う人がいるのは、実際の長生きの不自由、不如意、楽しみのない状況を知らないからだ。事実、長生きをしたいと思っているのは、未だ長生きをしていない人がほとんどで、そういう人は長生きのよい面にしか目を向けていない。超高齢になって長生きをしてよかったと思う人もいるだろうが、それはよほど運のいい人か、単に自己肯定感の強い人にかぎられると言ったら言いすぎだろうか？

しかし、これは長年、高齢者医療に携わってきた私の偽らざる実感だ。死を全否定する人は容認しがたいだろうが、人はあまり長生きをせず、適当なところで死ぬのが望ましい。

妻ががんになってわかったこと

昨年、妻が乳がんの診断を受け、手術を受けて、現在は抗がん剤の治療を続けている。

今は2人に1人ががんになる時代だから、私も心の準備はしていたつもりだったが、いざ、実際に妻ががんになるとかなり動揺した。

遺伝子検査の結果がなかなか出ず、手ちがいで時間がかかったこともあって、やきもきさせられたが、医療の現場を知る者として、待つしかないと、妻と自分に言い聞かせてじっと我慢していた。

診察の予定もゴールデンウィークや振替休日があったりして、スムーズに進まなかったが、知人に頼んで順番を早めてもらったり、診察日以外に特別に診てもらったりということはしなかった。そういう余計なことをして、結果が悪かったり、トラブルが起きたりした例をたくさん見てきたから。

手術を受けたのは、最初の診断から2カ月半あまりしてからで、それまでの間、何の治療も受けられない妻は苛立っていたが、私はその事情を説明して何とか宥めた。もちろん私も焦る気持ちはあったが、担当医はベストを尽くしてくれているし、致し方ない理由もあるので、ただ日の過ぎるのを待つしかなかった。

がんの疑いが強いと言われた時点で、妻はかなり落ち込み、それまで熱心に打ち込んでいた写真の趣味もやる気を失い、ジム通いも卓球もテニスもやめてしまった。そして、人生が終わるかもしれないという恐怖と不安で、憂うつそうにしていた。私はただ見守るだけで、安易な励ましや、余計な情報は耳に入れないようにした。

いくら心づもりをしていても、いざ、現実になると受け止めがたいのが、死に関わることだと、私自身、妻の乳がんで痛感した。

妻が先に死ぬことの準備もしなければならないと思い、自分の部屋にいるときや、2階への階段を上るときなどに、ふと妻がいなくなった状況を想像して、予想外の恐怖と混乱に陥ったこともある。自分ひとりになって、どうやって暮らせばいいのか。二度と妻に会えない状況に、耐えられるのだろうか。リアルに想像しすぎて、思わず、やめてくれ！と自分に叫びそうになったこともある。

しかし、繰り返すうちに徐々に動揺は収まり、今はまだ妻が生きているのだから、その時間を大切にしなければと思えるようになった。感謝の気持ちも湧くし、寛容になって、苛立つことも減った（ゼロにならないのが哀しいところだが）。

妻も最初は落ち込んだものの、やがて待つことにも慣れ、治るかどうか、助かるかどうかなど、考えても仕方のないことは考えないようになって、徐々に落ち込みから回復した。

なるようにしかならないという気持ちが強まり、手術が終わって抗がん剤がはじまってからは、体調にもよるがカメラを手にしたり、ジムや卓球にも行くようになった。

比較的早く立ち直ることができたのは、ふだんから死のことを考え、目を逸らさずに受け入れる努力をしてきたからではないかと思う。

そういう意味で、死に対する心の準備は、やはり無駄ではないと感じている。

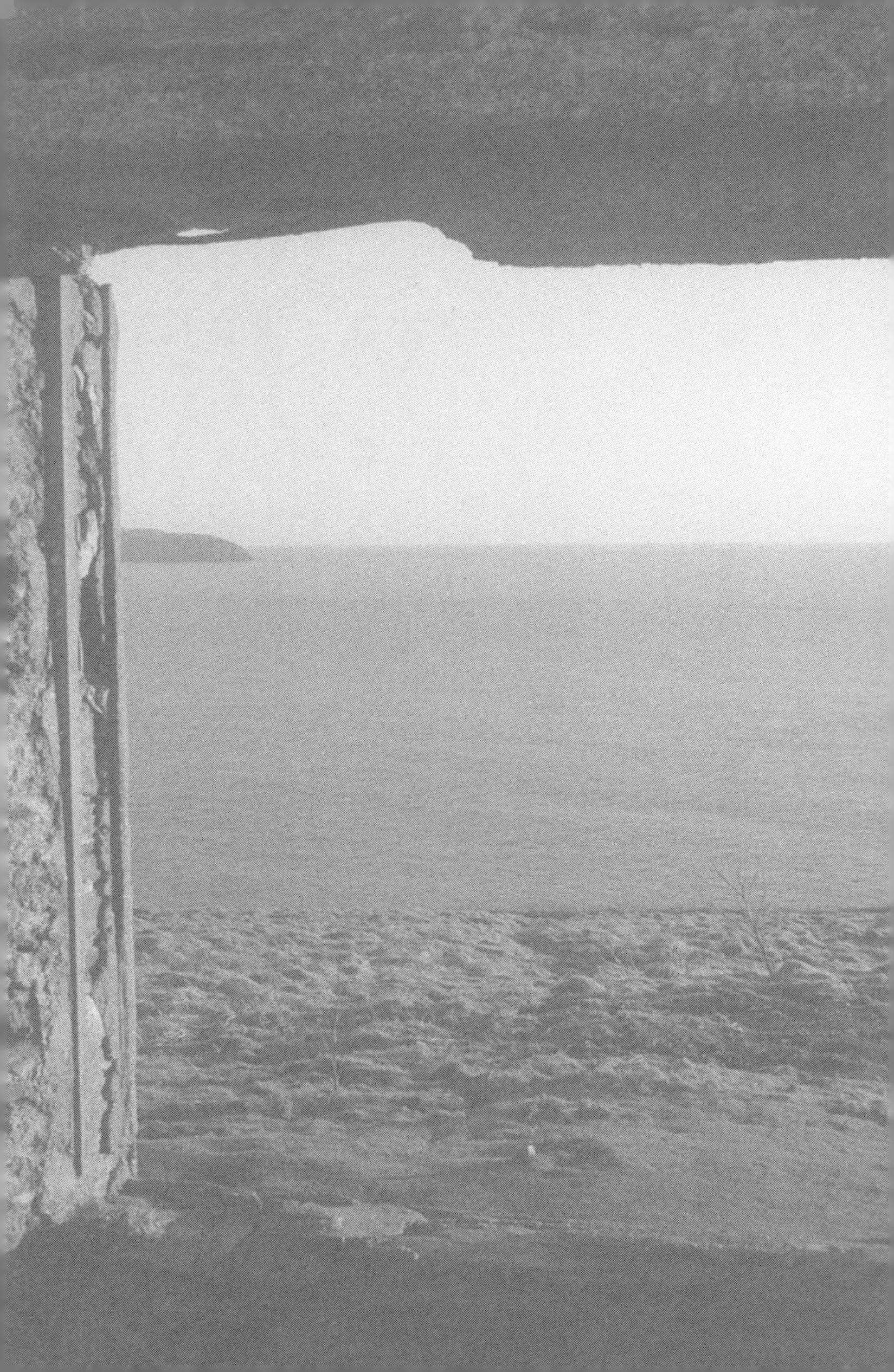

第九章

幸福な死とは

「幸福な死」とは何か

第一章でも引用したが、「死の恐怖の理由」のアンケートに次のような回答があった。

『この世でやり残したことがなく、周囲ともきちんとお別れの挨拶できていれば、納得感のある死になるのではと思う（なので普段から家族と密なコミュニケーションを取っているし、やりたいこと・食べたいこと・行きたい場所など、最近は自分のＷａｎｔを先送りにしないようにしている）』

「幸福な死」とは、言い換えれば「納得感のある死」かもしれない。さらには痛みや苦しみがなく、思い残すことや後顧の憂いがなく、満ち足りた気持ちで迎える死ということだろう。

あるいは、何も知らないうちに突然死ぬのも、恐怖や嘆きや悔いを感じることがないので、「幸福な死」と言えるかもしれない（周囲の者はいろいろ感じるだろうが、当人は何とも思わない）。

夜、暖かい布団に入って、思い切り身体を伸ばし、ふーっと息を吐いて、そのまま眠りに落ちて死ねたら、これほど楽な死はないなと、私はよく思う。

満ち足りた気持ちで眠りに向かって行く心地よさは、何ものにも代えがたいが、満ち足りた気持ちは自分で作るものなので、だれでも味わえる代わりに、どんな偉い人でも、大金持ちでも、美人でも美男でも、もっと得たいと思っている人は、なかなか手が届かない。

要は心の持ちようで、だれでも満ち足りた気持ちになれるはずだが、実際にはなかなかむずかしい。同様に「幸福な死」を迎えるのも簡単ではない。

「上手な死」と「下手な死」

老いと死に関する新書を何冊か書いたので、最近、「上手な最期の迎え方」というような内容で講演してほしいと頼まれることが増えた。だれしも死ぬのは仕方ないとして、人生の最期に苦しんだり、つらい思いはしたくないということだろう。

結論から言うと、「上手な死」とは、余計な医療を受けずに、比較的楽に死ぬ自然な死で、「下手な死」とは、無駄な医療を受けて余計な苦しみを味わいながら、尊厳のない状態で死ぬ死だと私は思う。

現実にはあまり上手でない死に方をする人が多いが、それは病院に行ったら何か有効な治療があるのではないかとか、苦しみを減らしてもらえるのではとか、自宅で看取るのは不安だから専門家にまかせたいなどという気持ちのせいだろう。

人が死ぬときには、医療は無力で、余計な医療はむしろ有害で、臨終の間際にする医療は、ほとんどが家族を納得させるためのパフォーマンスであることは先にも書いた。

死ぬときに苦しみたくないという気持ちはわかるけれど、人間も生き物なので、死ぬときにある程度苦しいのは致し方ない。死ぬときの苦しみをゼロにしようとして病院に行くと、余計な医療を施されて、場合によっては悲惨な延命治療になってしまう。人生で1回だけしか経験できない死を、そんなふうに下手にやってしまうのは実にもったいない。

死ぬときはある程度苦しい、それは仕方がないと、しっかり心の準備をしていれば、実際に死ぬときには、思ったほどではないなと安堵できるのではないか。だったら、頑《かたく》なに苦痛を拒絶するのではなく、腹を括っておいたほうが上手に死ねると思われる。

自宅で迎える自然な死

この本には、実行がむずかしいことばかり書いてあると、感じる読者もいるかもしれない。だけれど、世にあふれるきれい事情報や幻想に惑わされず、しっかりとほんとうのことを知れば、自宅で自然な死を迎えることは、決してむずかしくない。

私の祖父母と両親は、全員、自宅で最期を迎えている（戦争中に亡くなった母方の祖父は除く）。父も祖父も医者で、死に対して医療が無力であることをよく知っていたからだ。

死ぬときには、病院になど行っても何もいいことはない。針を刺されたり、管を突っ込まれたり、冷たい台の上で放射線を浴びせられたり、果ては機械につながれて、無理やり息をさせられたりして、苦しい思いをするだけだとよくわきまえていたので、自宅で楽に死ぬ道を選んだのだ。家族も同じ気持ちで、迷うことも慌てることもなく、穏やかにそれぞれの最期を看取った。

激しい呼吸困難に苦しむとか、激痛に襲われるとか、吐血や喀血《かっけつ》などに見舞われなかった幸運もあったが、それも余計な治療をせずに、自然な経過にまかせたことが役立ったのではないかと思う。

私は若いころは外科医として多くの患者さんを病院で看取り、後年、在宅医療の医者になって、在宅での看取りを経験したが、両者は比べるまでもなく、在宅での看取りが圧倒的に好ましいというのは、揺るぎない実感だ。

在宅（施設も含む）での看取りは、病院にさえ行かなければ確実に実行できるが、それがむずかしいと思う人も多い。死ぬときには何らかの医療が必要だという幻想に惑わされているからだ。

病院に行けば助かるのではないか、少しでも楽にしてもらえるのではないか、あるいは、どうしていいかわからない、このまま見ているのは不安などの気持ちから、早々に入院させたり、せっかく家で死にかけているのに、救急車を呼んだりしてしまう。施設の中には、家族からのクレームを恐れて、必要ないとわかっていながら、利用者の容態が悪化すると救急車を呼ぶところもあると聞く。

自宅で死ぬと警察が来るのではないかという不安もあるだろうが、これは在宅医療の医者にかかっていれば問題はない。仮に医者に看取られずに息を引き取っても、警察の世話になることもないし、死亡診断書も通常通り書いてもらえる。在宅医療をやっている医者は、地域の医師会か役所の担当部門に聞けば紹介してもらえる。

家で看取るのは決してむずかしいことではない。じっと見守るだけでいいのだから。水がほしいと言えば吸い飲みで与え、腰がだるいと言えばさすり、横を向きたいと言えば身体を支えてやればいい。死ぬ間際は、肺そのものの機能が低下しているから酸素を与えても無駄だし、点滴は血を薄め、心臓と腎臓に負担をかけるだけで、何もしないのが死にゆく者にとってはいちばん楽な道となる。

それを黙って見ていられないのは、死の実際を知らず、ふだんからの心の準備がなく、何かしてあげたいという自分の思いを抑えられないからだ。

こういうほんとうのことを、医者の側もはっきり言わないから、無意味な期待が蔓延《まんえん》している。下手に言うと、この医者はやる気がないとか、頼りないと思われるので、なかなか口にできないのだ。しかし、多くの医者はそう思っているはずだ。

むかしはだれでも家で静かに死んでいた。医療と文明が発展して、むかしできていたことができなくなったのは、余計な思い込みのせいにほかならない。

あの世を信じられる人と、信じられない人はどちらが幸せか

第六章の論文ではないが、あの世を信じられる人は、死んでも終わりでないと思っているから、死の恐怖もあまり感じないだろう。この場合、あの世がどんなものかわからないことが重要で、わかってしまうと都合のいい夢のような気分には浸っておれない。

あの世の存在を思い描くのは、現世でまじめに生きているのに不幸な人がいるからだというのを聞いたことがある。まじめに生きているのに不幸なのは、理不尽だから、帳尻を合わすために、来世での幸福があるはずというわけだ。

この世で思い切り幸運に恵まれ、満足しきった人生を送った人は、別にあの世などなくても不満を抱かないかもしれない。それでもあの世があってほしいと望むのは、欲が深すぎるということだ。

ある週刊誌に、『美しく逝きたい』という特集があり、そこに紹介されているある女性は、あの世で亡き夫に会うことを楽しみにして、いつもきれいな服を着て、化粧もきちんとしていたという。ほんとうにあの世で夫に会えるのなら、死ぬのも悪くない。いや、むしろ早く死んで再会を早めたいと思うのではないか。そうはならないのは、やはりどこか

であの世の存在を信じ切っていないからだろう。

あの世を信じることは、死の恐怖を紛らせる一手段なのかもしれない。信じることで恐怖が紛れるのなら、それはそれで悪くはない。一種のプラセボ効果とも言えるが、死が怖くて仕方ない人には有効かもしれない。

あの世の存在を信じていない人には、あまり死の恐怖も感じていない人も少なくないように思う。あの世がないなら死んだら終わりで、後顧の憂いなしというところだろうか。憂うべきことがあっても、自分自身はわからないので気楽ということだ。

あの世を信じている人は、実際に死に直面したときも、信じ続けることができるだろうか。直前になってちょっと待てよ、ほんとうにあの世はあるのかなどとぐらつくと、かなり不安になるにちがいない。

信じるなら最後まで信じるべきである。

「幸福な死」を阻むもの・その1　延命治療

死にかけている人に人工呼吸をしたり、中心静脈栄養をしたり、強心剤の点滴や輸血をすると、命がいたずらに引き延ばされて、悲惨な状況になるのは先にも書いた。

いくら延命治療をしても、延びる時間は知れている。たとえ1週間延びたとしても、長い人生から見ればほんのわずかな誤差範囲だ。それも楽しい1週間ならまだしも、病院でベッドに縛りつけられ、チューブや点滴につながれ、機械に生かされているような1週間を好ましいと思う人はいないだろう。

それでも望む人がいるのは、その場に至って少しでも死を遠ざけたいという気持ちが働くからだ。とても冷静な気持ちとは言えない。

ふだんから死を受け入れる心の準備のない人が、無駄な延命治療を希望して、悲惨な状態になってから、しなければよかったと後悔する。現場ではイヤというほど繰り返されるパターンである。

「幸福な死」を阻むもの・その2　欲望肯定主義

先の週刊誌の『美しく逝きたい』という特集に、『見事な最期を迎えた人』として、死の3カ月前に高座に大ネタを掛けた桂歌丸師匠や、死の8日前に製作に携わった映画の舞台挨拶をした俳優の原田芳雄氏、有名人以外でも、亡き妻の仏壇に毎日花を供えたいと、瀕死《ひんし》の状態で退院して自宅で亡くなった人や、好きなサッカーチームの試合を生で観戦して、『最期は「やりきった！」というような笑みを浮かべて』旅立ったという人などが紹介されていた。

最後にやりたいことをやり遂げて死を迎えることができれば、それは幸福な死と言えるだろう。しかし、ものによってはなかなか実行がむずかしいことも多い。人生の最期なのだから、やりたいことはどうしても大がかりなことになる。「最期にこれだけは」と思い決めたことができないと、心残りな死になってしまう。

それを避ける方法は、「最期にこれだけは」などと思わず、あるがままの人生に満足することだ。

私の父は腰椎の圧迫骨折で寝たきりになってから、「いい人生やった。十分満足した」と繰り返し微笑《ほほえ》んで最期を迎えた。父は〝足るを知る〟人で、満足力の強い人だったから「幸福な死」を死ねたのだと思う。

「最期にこれだけは」と思うのは欲望と執着で、実現できない危険性があるので、私はあまりお勧めしない。

同じ週刊誌の特集には、『最期まで自分らしく生きることが何より大事』とも書いてあるが、それも欲望肯定主義の考えなので、やはりあまり賛成できない。

あるがままでいいと考えるほうが、「幸福な死」に近いと思う。

「幸福な死」を阻むもの・その3 他人との比較

死にかぎらず、何かにつけて他人との比較は不幸をもたらす。

現実世界では、すべての価値判断は比較の問題だから、他人と比べると自《おの》ずと優劣がつく。

幸福そうに死んだ人を見て、自分もああいうふうに死にたいと思ってもむずかしく、苦しそうに亡くなった人を見て、ああはなりたくないと思っても避けられない場合もある。

他人と比較したくなるのは、自分に自信がないからで、個が確立している人は、自分はこうなんだと開き直ってそれで終わる。右顧左眄《うこさべん》はしない。

自分より幸福そうな死を遂げた人を見て、羨む必要もないし、自分より不幸そうな死を遂げた人を見て、優越感に浸るのも浅ましい。自分は自分の死を死ぬしかないと思い決めておくと、迷いも生じない。

「幸福な死」を阻むもの・その4　ないものねだり

死を受け入れることができず、がんの特効薬とか、奇跡の治癒などを求めると、死は苦しくなって安らぎが遠ざかる。

家族を作ってこなかった人が、死ぬ間際になって家族を求めたり、家族がいてもこれまでいい関係を築けていなかった人が、死ぬときにだけ家族の愛情を求めても、得られる可能性は低い。

もっと心地のよい部屋とか、行き届いた介護とか、質の高いサービスなど、求めれば求めるほど不満が溜まり、「幸福な死」はむずかしくなる。

「幸福な死」を阻むもの・その5　過大な期待

これは主に医療に対してで、死が迫ってきても何か治療の方法があるのではないかとか、もっと楽にしてもらえるはずだとか、実現不可能な期待に拘泥すると人は苦しむ。

自宅で死ぬ場合、在宅医療の医者は可能なかぎりの鎮痛・鎮静をしてくれる。しかし、痛みや苦しさをゼロにするのはむずかしく、過剰な薬剤を使って意識を失わせると、死期が早まって実質的には安楽死になる。意識を残して痛みだけ取るということが、できる場合もあるが、無理な場合もある。必ずできるはずなどと期待していると、当てがはずれて余計な苦しみを背負い込んでしまう。

医療以外にも、介護や施設、福祉、さまざまな制度に過大な期待を抱いていると、余計な失望を味わわされる。

何かにつけ、期待値は低いほうが満足を得やすい。

「幸福な死」を阻むもの・その6　後悔

人生の最期にいろいろ悔いても、手遅れであることはだれしも明白だろう。

それでもクヨクヨする人はいる。どうにもならないとわかっていても、考えてしまう。それは執着のなせる業で、考えが凝り固まっている場合が多い。どんなことにもいい面と悪い面があるのだから、後悔する選択や判断にもよかった面はあるはず（たとえ自分が気づかなくても）と解釈して、今さら悔やんでもどうにもならないことは忘れると決めれば、苦しみからも少しは解放されるだろう。

死が迫っているときに、まじめに考える必要などない。死ねばどうせすべて消えるのだから、知らん顔をしておけばいいのだ。

「幸福な死」に役立つもの

「幸福な死」を実現するには、右記の「『幸福な死』を阻むもの」を避ければいい。

まずは延命治療を受けないこと。方法は簡単。病院にさえ行かなければ実現できる。しかし、この病院に行かずにいるというのが、多くの人にはむずかしいのかもしれない。死ぬときは病院に行っても無駄、下手をしたら苦しむだけということを、平生からしっかりと肝に銘じておく必要がある。そういう意味では、医療が発達していなかった時代のほうが楽に死ねたとも言える。

2番目は「欲望肯定主義」からの離脱。欲するものが多ければ多いほど、得られない失望も増える。死に臨んで、まだ足りないもの、やりたいこと、ほしいものに気を取られていると、満足を感じて死ぬ余裕は持てない。今あるもの、すでに得たもので足るを知ることが肝心。

次は他人と比較しないこと。自分の人生を自分で肯定する。人のことなど関係ない。自分の人生を肯定できれば、幸福な気持ちで死ねるだろう。自己満足でも、自己愛でも、自《うぬ》惚《ぼ》れでも、何なら勘ちがいでもかまわない。要は自分の気の持ちようなのだから、最期は思い切り自己肯定すればいい。

思い通りにならなかったこともあるだろうが、それは忘れる。今さらクヨクヨしても仕方がないのだから。すなわち、後悔しないこと。

さらに、ないものねだりや何かにつけ過大な期待をしないこと。とかくこの世は思い通りにはいかないもの。そう思い決めて、現状で満足する。見方を変えれば、現状でもいいところはたくさんあり、今のままで十分と思うことも可能なはずだ。〝現状肯定〟と〝少欲知足〟の効用である。

現代は自由で楽で幸せなことがもてはやされるので、欲望肯定主義が支配力を強めている。テレビやネットのＣＭを見ていても、少しでもお得で便利で、手軽に楽しめるものが喧伝《けんでん》される。不平不満を述べることにもブレーキがかからず、満足が得にくい空気が蔓延している。〝少欲知足〟などと言っても、寝言と受け取られかねない。

そんなときに役立つのが、感謝の気持ちを忘れないことだ。現状のありがたみにしっかりと目を向ければ、実はそれほど悪くない状況にあることに気づくだろう。

今ひとつは、反省する気持ちを受け入れること。他人にばかり求めないで、自分を振り返って、己の非を認める。それができれば、新たな価値観を見出したり、我執を捨て去って穏やかな心持ちを手に入れたりできる。後悔は後ろ向きなのでしないほうがいいが、反省は進歩をもたらし、意外にすがすがしい気持ちになれる。硬直した精神の人にはむずかしいかもしれないけれど。

そして最後に、「幸福な死」を実現するのにもっとも有効なことは、〝幻想〟を抱くことだ。あの世や天国を信じるのでもいいし、自分の人生は素晴らしかったと思い込むのでもいい。ただし、そう思い込むためには、それまでの人生に、相応の努力とベストを尽くしてきたという実感が必要になる。

「死ぬ時節には死ぬのがよい」

多くの人は死が迫ってきたら、それを避けようとする。そのために病院に行く。しかし、医療は死に対して無力なので、余計なことをされて結局死ぬということになる。もういつ死んでもいいと思っている人は強いし、苦しみも少ないが、まだまだ死にたくないと思っている人はどうすればいいのか。

江戸時代後期の僧良寛が書いた有名な手紙がある。1828年に新潟で起きた大地震のとき、被災した知人の山田杜皐《やまだとこう》を見舞うのに、次のような手紙を送った。

『地志《じし》んは信《まこと》に大變《たいへん》に候《そうろう》
野僧草庵何事なく候
親るい中　死人もなく　めで度存《たくぞんじ》候

うちつけに　しなばしなずて　ながらへて

かゝる憂き目を　見るがはびしさ

しかし　災難は逢《あう》時節には災難に逢がよく候
死ぬ時節には死ぬがよく候
是《これ》ハこれ　災難を逃るゝ妙法にて候
かしこ』

地震の被災者に、災難に遭うときには遭ったほうがいい、死ぬときには死んだほうがいいなどと、よくも書いたものだと驚くが、これは酒造業当主で俳人でもあった山田杜皐と、良寛の特別なつながりがあってのことだ。

それにしても、死ぬ時節には死ぬのがよい、これが災難を逃れる妙法だというのは、現代の医療にも通じることだと感じる。死が迫っているのに死にたくないと抗うと、悲惨な延命治療になりかねないので。

「死ぬのにもってこいの日」

死を受け入れるのはむずかしいことだが、最終的に死が避けられないものであるのは、だれでも知っている。死にたくないとか、もっと長生きをしたいとか思っても、叶えられないのが死で、逆にもう死にたいとか、早くお迎えが来ないものかと思っても、簡単には叶えられないのも死だ。

なまじ医療が発展したものだから、以前はあきらめるしかなかった死を、まだあきらめずにすむのではないかという幻想を生み出してしまった。そのせいで、苦しい死、尊厳のない死、言わば「下手な死」を遂げる人が増えた。

私は医療現場で無理に死を止めようとして、余計に患者さんを苦しめたり、逆に寿命を縮めたりする現場を多く見たので、何もせずに自然な死を受け入れることがいいと実感している。

その思いを肯定してくれるのが、『今日は死ぬのにもってこいの日』という本だ。

原題は「MANY WINTERS（たくさんの冬）」で、アメリカ人の作家兼詩人のナンシー・ウッドが、ニューメキシコ州のタオス・プエブロに居住するネイティブアメリカンの古老の言葉を書き留めたものである。

「たくさんの冬を　わたしは生きてきた」ではじまる古老たちの語りは、自然をありのまま受け入れ、大地に感謝し、巡る季節にも時の流れにも抗わず、すべてを静かに受け入れる智恵と伝統が語られる。

いくら冬が厳しくても、春は必ず訪れる。まごつき、悲しみ、下に落っこちようと、人生がわからなくなろうと、命の力に感心し、冬が獣も土地も人間も引き寄せることを受け入れる。

ここに書かれているのは、人間は自然には勝てない、死も自然の一部だから、従うしかない、恐怖も不満も忌避感も、人間が作り出すものだから、その場かぎりで、幻想に近い。

だから、忘れたほうがいいというようなことだ。

そして、タイトルにある詩が掲げられる。

『今日は死ぬのにもってこいの日だ。

生きているものすべてが、わたしと呼吸を合わせている。

すべての声が、わたしの中で合唱している。
すべての美が、わたしの目の中で休もうとしてやって来た。
あらゆる悪い考えは、わたしから立ち去っていった。
今日は死ぬのにもってこいの日だ。
わたしの土地は、わたしを静かに取り巻いている。
わたしの畑は、もう耕されることはない。
わたしの家は、笑い声に満ちている。
子どもたちは、うちに帰ってきた。
そう、今日は死ぬのにもってこいの日だ』

こんな心境になれれば、死の恐怖はすでに霧散しているだろう。

おわりに――もし死がなかったら

もし死がなかったら、どういうことになるのか。

水木しげる氏の漫画に「不死の酒」という短編がある。

ある寺の和尚が作った「不死の酒」を飲んだ泥棒が、死罪になるのを恐れて首を吊ろうとするが苦しいばかりで死ねず、磔《はりつけ》にされて竹槍《たけやり》で突かれても死なず、おかしいと思った役人が、首と手足をバラバラに切断しても死なず、ただ痛みと苦しみだけが続いて、のたうちまわるという残酷なストーリーだ。和尚が供養して、バラバラの死体を埋めても、土中から「いたいよー、いたいよー、苦しいよー」という悲鳴が続き、それを聞いた和尚がこうつぶやく。

「結局、人間は死があったほうがよい」

永遠に生きるということは、こういうことなのかと思い知らされる。

死ぬのはイヤだけれど、永遠に生きるのも苦しい。であれば、適当なときに消えてなくなるのがいい。適当なときとはいつか。それは人によるだろう。その人がもういい、これで十分と思えたときが、望ましい死に時ということになる。

いつ満足するかは、欲の深さ、期待の大きさ、執着の強さによる。それが残っているうちは、まだ死ねないと思うだろうが、死は人間の思惑などいっさい顧みずに訪れる。だったら、幸せな最期を迎えるためには、できるだけ欲を少なく、期待を小さく、執着を弱くしておいたほうがいい。

つまりは、〝少欲知足〟、〝現状肯定〟ということだ。

本書でさんざん繰り返してきたが、たぶん多くの読者には受け入れがたいだろう。現代は欲望追求、現状不満の世の中だからだ。

死が怖いという気持ちは感情なので、理屈ではなかなか消せない。

しかし、感情は長持ちもしないものだ。喜びも悲しみも怒りも、時間がたてば徐々に薄れる。死の恐怖も年齢とともに薄れていくので、若い人はそのまま怖がっていれば、徐々に怖くなくなるだろう。私自身がそうだった。

私の場合は医者という職業柄、死を間近で見る機会が多かったので、恐怖も早めに薄れたのだと思う。逆に言えば、死を見る機会が多ければ、忌避感や嫌悪感も薄れ、恐怖も薄れるということだ。

現実には死を見る機会は少ない（特に日本はメディアが見せない）ので、代わりに死について考えたり、話し合ったりするのがいいだろう。死に関する本を読むとか、自分の死についてリアルにシミュレーションするとか、どういう最期を迎えたいか（延命治療の是非、病院で死ぬか家で死ぬか等）を家族と定期的に話し合うことだ。

本書はSB新書の若い編集者、北堅太氏の提案で書きはじめた。SB新書は比較的若い読者が多いとのことなので、若い世代から高齢者まで、できるだけ広い世代の人に読んでもらえるよう意識して書いた。構想の段階からいろいろ支援してくれた北氏に、末筆ながら心よりの感謝を申し上げる。

２０２５年１月10日

久坂部　羊

参考文献

・『ゲゲゲの鬼太郎9』 水木しげる著 講談社 1969年
・『河童・玄鶴山房』 芥川龍之介著 角川文庫 1976年
・『久坂葉子作品集 女』 久坂葉子著 六興出版 1978年
・『芥川龍之介全集2』 芥川龍之介著 筑摩書房 1986年
・『芸術新潮 特集「死」の万国博覧会』 新潮社 1994年12月号
・『今日は死ぬのにもってこいの日』 ナンシー・ウッド著 フランク・ハウエル画 金関寿夫訳 めるくまーる 1995年
・「『生きがい』の夜明け―生まれ変わりに関する科学的研究の発展が人生観に与える影響について―」 飯田史彦著 福島大学経済学会「商学論集1995年9月第64巻第1号」
・『水木しげる漫画大全集081 不思議シリーズ(全)』 水木しげる著 講談社 2013年
・『水木しげる漫画大全集026 貸本版墓場鬼太郎5』 水木しげる著 講談社 2017年
・『死は存在しない』 田坂広志著 光文社新書 2022年
・『迷惑な終活』 内館牧子著 講談社 2024年
・『週刊現代』 講談社 2024年4月27日・5月4日合併号

著者略歴

久坂部 羊（くさかべ・よう）

1955年大阪府生まれ。小説家・医師。大阪大学医学部卒業。大阪大学医学部附属病院にて外科および麻酔科を研修。その後、大阪府立成人病センター（当時）で麻酔科、神戸掖済会病院で一般外科、在外公館で医務官として勤務。同人誌「VIKING」での活動を経て、2003年『廃用身』で作家デビュー。2014年『悪医』で第3回日本医療小説大賞を受賞。新書に『日本人の死に時』『人間の死に方』『人はどう死ぬのか』など。

SB新書　685

死《し》が怖《こわ》い人《ひと》へ

2025年2月15日　初版第1刷発行

著　　者　久坂部《くさかべ》 羊《よう》
発 行 者　出井貴完
発 行 所　SBクリエイティブ株式会社
〒105-0001　東京都港区虎ノ門2-2-1
装　　幀　杉山健太郎
装　　画　伊藤健介
D　T　P　クニメディア株式会社
校　　正　有限会社あかえんぴつ
編　　集　北 堅太
印刷・製本　中央精版印刷株式会社

本書をお読みになったご意見・ご感想を下記URL、
または左記QRコードよりお寄せください。
https://isbn2.sbcr.jp/26495/

落丁本、乱丁本は小社営業部にてお取り替えいたします。定価はカバーに記載されております。
本書の内容に関するご質問等は、小社学芸書籍編集部まで必ず書面にて
ご連絡いただきますようお願いいたします。

ISBN 978-4-8156-2649-5